Moderne Schweizer Musterbriefe

Moderne
Schweizer
Musterbriefe

Für Geschäfts- und Privatgebrauch

Genaue Anleitung mit vielen Musterbeispielen zur Abfassung wirkungsvoller Briefe

Verlag Strub AG, Chur

4. überarbeitete Auflage 1993

© 1991 Verlag Strub AG, Chur
Gesamtherstellung: M. Lütscher-Joos
Drucküberwachung: Die Druckdenker GmbH, Wels
ISBN: 3-85923 001-8

Vorwort

Vor rund 40 Jahren ist im Verlag P. Strub das „Schweizerische Korrespondenzbuch" erschienen und hat bis heute insgesamt 24 Neuauflagen erlebt. Wohl hat sich der Verlag innerhalb dieser Zeit bemüht, das Buch immer wieder neu zu überarbeiten und den jeweiligen neuen Anforderungen der modernen Korrespondenz anzupassen. Trotzdem ist es aber nie gelungen, dieses Buch wirklich auf den neuesten Stand zu bringen.

Aus diesem Grunde hat sich der Verlag entschlossen, ein völlig neues Korrespondenzbuch zu schaffen. Im Gegensatz zum bisherigen Korrespondenzbuch sind im neuen Buch sämtliche Musterbriefe genau nach den Vorschriften des Berufsverbandes dargestellt.

Das Schreiben wirkungsvoller Briefe fällt vielen Menschen oft recht schwer. Manchmal liegt gar noch ein komplizierter Fall vor, dann fehlen sowohl die guten Einfälle wie auch die treffenden Worte. In solchen Fällen wird dieses neue Buch dem Schreibenden sehr nützliche Dienste leisten und aus mancher Verlegenheit helfen. Die vielen Musterbriefe sind so verschiedenartig, dass es nicht schwerfällt, diese für den jeweils vorliegenden Fall passend abzuändern.

Dieses neue, moderne Buch soll dem Schreibenden helfen, sprachlich und darstellungsmässig einwandfreie Briefe zu schreiben.

Der Privatbrief

INHALTSVERZEICHNIS

		Seite
Der erste Eindruck		9
Adressbeispiele		11
Allgemeine Regeln		
Einführung		13
Bewerbungsschreiben	-für Lehrstellen	
	-nach abgeschlossener Lehrabschlussprüfung	
	-nach langjähriger Berufstätigkeit	14-23
Lebenslauf		24-27
Urlaubsgesuche		28-29
Sonderurlaub		30-31
Versetzung innerhalb der Firma		32-34
Allgemeine Gesuche an die Geschäftsleitung		35-36
Kündigung im Beruf		37-41
Wohnungs- und Zimmersuche		42-45
Kündigung der Wohnung bzw. des Zimmers		46-50
Kündigung eines Abonnements		51-54
Widerruf einer Bestellung		55-58
Antworten auf Mahnungen		59-67
Entschuldigungen	-Fernbleiben von der Schule	68-69
	-Fernbleiben von der Arbeit	70-71
	-Fernbleiben von Versammlungen	72-73
Dankesbriefe	-für Einladungen	74-78
	-für Geschenke	79-81
	-für die Beförderung	82-85
Beschwerdebriefe	-falsche Warenlieferung	86-88
	-nach Reparaturarbeiten	89-90
	-Mieterbeschwerden	91-93
Diverse Einladungen	-Hochzeit	94-96
	-Verlobung	97-98

	-Konfirmation / Firmung	99-100
	-Geburtstag	101-102
	-Geselligkeiten	103
	-Taufe	104-105
	-Weihnachten	106-107
	-Familienfeste	108
-Kondolenzbriefe		109-110
-Danksagungen		111
-Liebesbriefe		112-116

Der Geschäftsbrief 117

Der erste Eindruck

Im heutigen Konkurrenzkampf verlangt besonders die Korrespondenz grösste Aufmerksamkeit und Sorgfalt. Jeder Brief, der das Haus verlässt, wird zur persönlichen Visitenkarte des Briefstellers und der Firma. Es ist daher darauf zu achten, dass der Brief durch einfache, treffende Ausdrucksweisen und durch die saubere Darstellung beim Briefempfänger den besten Eindruck hinterlässt.

Oft spielt die Klarheit und die Eindeutigkeit des Briefes eine entscheidende Rolle. In ganz besonderer Weise muss sich der geschäftliche und der private Briefstil dadurch auszeichnen, dass er in knapper Form das Wesentliche hervorhebt und jeden Zweifel ausschliesst. Ein wirksames Schriftstück muss in Interpunktion und Rechtschreibung absolut fehlerfrei sein. Wer sich hinsichtlich eines Ausdruckes oder der Rechtschreibung eines Wortes im Unklaren ist, kann sich in einem Sprachlehrbuch Klarheit verschaffen.

Mit einfacher Natürlichkeit und Ehrlichkeit erreicht man heute am ehesten die gesteckten Ziele. Überschwenglichkeit und abgedroschene Redewendungen in Briefen werden nicht mehr ernst genommen und sind verpönt.

Das äussere Aussehen eines Briefes entscheidet oft schon über dessen Erfolg. Das Briefpapier sollte von guter Qualität sein. Auch Farben und Formate sollten übereinstimmen. Der Briefkopf darf nicht durch Nebensächlichkeiten überladen wirken. Normalerweise verfügen geschäftliche Unternehmen über vorgedruckte Briefformulare, welche mit allen notwendigen Geschäftsangaben versehen sind. Eine schöne Drucksache wird das Ansehen einer Firma heben.

In der gesamten geschäftlichen Korrespondenz ist die Schreibmaschine unentbehrlich geworden. Vielerorts werden heute sogar sogenannte Textverarbeitungssysteme verwendet, welche eine enorme Arbeitserleichterung sind.

ADRESSBEISPIELE

Einschreiben
Herrn
Peter Müller
Gotthardstrasse 49
8000 Zürich

Frau
Pia Rauch
Sekretärin
Wiesenthal
5000 Aarau

Fräulein
Renata Baumann
c/o P. Schmid
Alexandergasse 6
7402 Bonaduz

Herrn Dr.
Otto Rückert
Kurfirstenstrasse 4
6000 Luzern

Einschreiben
Vial AG
Postfach 59
6300 Zug

Persönlich
Herrn Dr.
Peter Zumbühl
Lagergasse 9
D-7000 Stuttgart 1

Herren
Müller, Felber & Co
Getränkeauslieferung
Saalgasse
8500 Frauenfeld

Kantonalbank Graubünden
Kreditabteilung
Poststrasse 9
7000 Chur

Einwohnerkontrolle
der Stadt Aarau
5000 Aarau

Frau
Karin Wagner
Bahnhofstrasse 8
Postfach 3
8400 Winterthur

Hinweise:

"An die", "An den" oder "An das" in Adressen werden nicht mehr benützt. Das Wort Firma wird nicht mehr verwendet. Die Ortschaften werden aus Gründen der Wirtschaftlichkeit nicht mehr unterstrichen. Auf den Zwischenraum bei Strasse und Ortschaft kann verzichtet werden. Postleitzahlen sind obligatorisch! Beim Datum wird nur noch Zürich, 12.12.19.. verwendet. (Das Wort *den* weglassen)

Der Privatbrief

Privatbriefe sollte man in zwei Hauptgebiete unterteilen. Einerseits handelt es sich dabei um geschäftliche Briefe im Privatbereich, wie zum Beispiel Stellenbewerbungen, anderseits um familiäre oder freundschaftliche Korrespondenzen, wie Einladungen oder zum Beispiel Dankesschreiben.

Geschäftliche Briefe im Privatbereich sollten auch heute mit Schreibmaschine geschrieben werden, während familiäre und freundschaftliche Briefe grösstenteils von Hand geschrieben sein sollten. Hier ist von Fall zu Fall zu entscheiden.

Ausserdem macht man zwischen diesen beiden Briefarten einen Sprachunterschied. Geschäftliche Briefe im Privatbereich müssen mit den angemessenen Korrespondenzregeln versehen sein. Dieser Brief kommt einem im Geschäftsbereich geschriebenen Brief sehr nahe. Bei familiären und freundschaftlichen Briefen kann die Briefsprache auch persönlicher werden.

Auch beim Privatbrief muss der äussere Eindruck den Empfänger ansprechen. Wie beim Geschäftsbrief, ist auch auf die richtige Adressierung des Privatbriefes zu achten.

Das Bewerbungsschreiben

Ein Bewerbungsschreiben ist eine einfache Werbung für die eigene Person. Nicht allen Menschen ist es gegeben, für sich selbst zu werben. Als erstes gilt es das Interesse des Stellenanbieters zu wecken. Dies erreicht man mit einer Bewerbung, welche sich von vielen anderen eingetroffenen Bewerbungen unterscheidet.

In jedem Inserat sind bestimmte Anforderungen enthalten, welche der Inserent an den Bewerber stellt. Wichtig ist, dass man darauf eingeht. Benutzen Sie nicht den "Ich-Stil", schreiben Sie anstelle von "ich suche": **"Sie suchen"** oder "ich wünsche": **"Sie wünschen"**.

Bei der schriftlichen Bewerbung gilt es, sowohl durch die äussere Form als auch durch den Inhalt des Schreibens, zu überzeugen. Man sollte sich deshalb im voraus genaue Gedanken machen, was die Bewerbung beinhalten sollte, bevor man mit einem wilden Durcheinander beginnt.

Die nachfolgenden Musterbriefe sollte man nur als Anregung benützen. Wenn möglich vermeide man ganz mechanisches Abschreiben. Wichtig ist, durch individuelles Abändern des Textes dem Schreiben eine persönliche Note zu verleihen.

Name und Adresse

Ort, Datum

Badener Zeitung
Chiffre 8472
Postfach
5400 Baden

Lehrstellenbewerbung zum Elektromonteur

Sehr geehrte Damen und Herren

In der Badener-Zeitung vom 12.04.19.. las ich Ihr Inserat, wonach Sie einen Elektromonteurlehrling suchen. Ich möchte mich um diese Stelle bewerben.

Es hat mir von früher Kindheit an Spass bereitet, mit Elektrik zu basteln. Schon bald wurde es mir zum liebsten Hobby. Natürlich wäre ich sehr glücklich, wenn ich nun mein Hobby zum Beruf machen könnte.

Im Sommer 19.. werde ich aus der Abschlussklasse der Realschule entlassen. Beiliegend erhalten Sie die letzten Zeugniskopien und meinen Lebenslauf. Aus meinen letzten Zeugnissen können Sie ersehen, dass ich in allen Schulfächern gute bis sehr gute Leistungen hatte.

Sicher werde ich mit grosser Freude und Einsatz den Beruf des Elektromonteurs erlernen.

Selbstverständlich bin ich bereit, bei Ihnen eine Schnupperlehre zu absolvieren, damit wir uns gegenseitig kennenlernen können. Falls Sie Interesse haben, teilen Sie mir bitte allfällige Daten mit.

Mit freundlichem Gruss

Lebenslauf, Zeugniskopien

Name und Adresse

Ort, Datum

Architekturbüro
Hans Meissner AG
Kaltbrunnweg 3
7402 Bonaduz

Lehrstellenbewerbung zum Tiefbauzeichner

Sehr geehrter Herr Meissner

Vor zwei Wochen hatte ich Gelegenheit, in Ihrem Betrieb eine Schnupperlehre als Tiefbauzeichner zu absolvieren.

Ich war von der Arbeit des Tiefbauzeichners begeistert. Ebenfalls hat mir die gute Kollegialität, welche unter Ihren Mitarbeitern herrscht, grossen Eindruck gemacht.

Noch einmal bedanke ich mich für Ihre Bereitschaft, mich als Schnupperstift aufzunehmen. Ich glaube, dass ich mich mit gutem Gewissen für diesen Berufszweig entscheiden kann! Darum möchte ich mich um eine Lehrstelle in Ihrem Betrieb bewerben.

Beiliegend sende ich Ihnen die geforderten Zeugniskopien und meinen Lebenslauf.

Ich würde mich freuen, wenn Sie mir baldmöglichst Ihren Bescheid mitteilen könnten.

Mit freundlichen Grüssen

Zeugniskopien
Lebenslauf

Name und Adresse

Ort, Datum

Albert Müller & Co.
Rheinstrasse 3
8050 Zürich

Lehrstellenbewerbung zum kaufmännisch Angestellten

Sehr geehrter Herr Müller

Wie ich aus Ihrem Inserat in der "Zürcher Zeitung" vom 12.03.19..
entnehmen konnte, suchen Sie auf den Herbst 19.. einen kaufmännischen Lehrling. Da ich diesen Sommer meine Schulzeit beende, möchte ich mich um diese Lehrstelle bewerben.

Mein Vater arbeitet seit 25 Jahren in einem kaufmännischen Betrieb. So hatte ich in meinen letzten Ferien Gelegenheit, bei ihm eine Schnupperlehre zu absolvieren.

Während dieser Zeit hatte ich einen guten Einblick in den kaufmännischen Arbeitsbereich. Von diesen neuen Erfahrungen habe ich viel profitieren können und möchte deshalb diesen Beruf ergreifen.

Zur Zeit besuche ich die Abschlussklasse der 3. Sekundarschule in Zürich. Ich lege eine Kopie meines letzten Zeugnisses bei. Ausserdem habe ich in meiner Freizeit einen Schreibmaschinenkurs belegt.

Ich bin sicher, die richtige Berufswahl getroffen zu haben. Bitte geben Sie mir Gelegenheit zu einem persönlichen Vorstellungsgespräch.

Mit freundlichen Grüssen

Name und Adresse

Ort, Datum

Mode Müller
z.Hd. Frau Metzler
Gässli 8
5000 Aarau

Lehrstellenbewerbung zur Textilverkäuferin

Sehr geehrte Frau Metzler

Laut Auskunft Ihres Mitarbeiters, Herrn Schneider, wird in Ihrem Betrieb auf diesen Herbst eine Lehrstelle für eine Textilverkäuferin frei. Da ich mich schon seit vielen Jahren für Mode interessiere und ebenfalls grosse Freude am Kontakt mit Leuten habe, möchte ich mich für diese Lehrstelle bewerben.

Ich habe meine Schulzeit im letzten Sommer beendet. Seit dieser Zeit absolvierte ich einen Sprachkurs in Genf. Als Beilage erhalten Sie eine Kopie meines Abschlusszeugnisses. Wie Sie aus diesem ersehen können, habe ich die Abschlussprüfung mit Erfolg bestanden.

Ich würde mich freuen, wenn ich mich in nächster Zeit persönlich bei Ihnen vorstellen dürfte.

Mit freundlichen Grüssen

Abschlusszeugnis

Name und Adresse

Ort, Datum

Metzgerei Rosenberg
z.Hd. Herrn Rosenberg
Mühlackerstrasse 34
8800 Thalwil

Stellenbewerbung zum Metzger

Sehr geehrter Herr Rosenberg

In der heutigen "Thalwiler Zeitung" suchen Sie per Inserat einen Metzger. Da ich meine Lehre als Metzger in drei Monaten abschliessen werde, möchte ich mich um diese Stelle bewerben.

Zur Zeit arbeite ich in der Metzgerei Nerl in Zürich. Da es sich dabei um einen kleinen Betrieb handelt, war ich von Beginn meiner Lehrzeit gezwungen, Verantwortung zu übernehmen. Heute bin ich an selbständiges Arbeiten gewöhnt.

Auskunft über meine bisherigen Arbeitsleistungen erteilt Ihnen gerne:

Herr Albert Brunner, Wiesenthalweg 94, 8050 Zürich.
Telefon: 01 12 34 01.

Gerne wäre ich auch zu einem Vorstellungsgespräch bereit.

Mit freundlichen Grüssen

Lebenslauf, Zeugniskopien

Name und Adresse

Ort, Datum

Grossgärtnerei
Peter Reber
Bahnhofstrasse 45
8802 Kilchberg

Stellenbewerbung zum Gärtner

Sehr geehrter Herr Reber

Laut Auskunft Ihres Mitarbeiters, Herrn Gerber, suchen Sie auf den Herbst 19.. einen Gärtner. Ich möchte mich um diese Stelle bewerben.

Meine Lehre als Gärtner absolvierte ich in der Gärtnerei Willi in Kilchberg. Letzten Frühling habe ich nun meine Lehrzeit mit der Abschlussprüfung beendet. Es hat mir stets grosse Freude bereitet, in der freien Natur zu arbeiten, daher möchte ich meine Berufstätigkeit fortsetzen. Wie Sie aus den beigelegten Arbeits- und Schulzeugnissen entnehmen können, habe ich durchwegs ansprechende Noten erhalten.

Auskunft über meinen Arbeitseinsatz erteilt Ihnen:
Herr Franz Willi, Grünacher 12, 8802 Kilchberg.
Telefon 01 765 88 83.

Ausserdem wäre ich auch zu einem Vorstellungsgespräch bereit.
Über Ihren positiven Bescheid würde ich mich freuen!

Mit freundlichen Grüssen

Zeugniskopien und Lebenslauf

Name und Adresse

Ort, Datum

Sportmode Neff
z.Hd. Herrn Amrein
Bahnhofstrasse 34
3000 Bern

Stellenbewerbung zum Sportartikelverkäufer

Sehr geehrter Herr Amrein

In der heutigen Tageszeitung suchen Sie per Inserat einen Stellvertreter für Ihren Geschäftsführer. Ich möchte mich um diese Stelle bewerben.

Meine Lehre absolvierte ich im Sportmodegeschäft Eicke in Bern. Nach meiner Abschlussprüfung, welche ich mit Erfolg bestanden habe, wechselte ich in ein kleineres Sportgeschäft in Flims, Graubünden. Nach einigen Jahren Berufserfahrung erhielt ich vom Geschäftsinhaber das Vertrauen und konnte den Betrieb während sieben Jahren nach eigener Initiative leiten und gestalten.

Infolge meiner Heirat zog es mich 19.. wieder nach Bern zurück. Seither arbeite ich als 1. Verkäufer im Sportgeschäft Keller.

In meiner derzeitigen Stellung sehe ich in absehbarer Zeit keine weiteren Aufstiegschancen. Darum würde es mich freuen, wenn ich in Ihrem Betrieb mitarbeiten könnte.

Über eine positive Antwort würde ich mich sehr freuen!

Mit freundlichen Grüssen

Name und Adresse

Ort, Datum

Baumann GmbH
Kirchgasse 3
Postfach 495
9000 St.Gallen

Stellenbewerbung zur Sekretärin

Sehr geehrte Damen und Herren

Durch eine Bekannte habe ich erfahren, dass Sie auf den 01. Juli 19.. eine erfahrene Chefsekretärin suchen.

Nach meiner Schulzeit in Thalwil besuchte ich die Töchterhandelsschule in Zürich. Im Jahre 19.. schloss ich diese Handelsschule mit der Durchschnittsnote 5.5 erfolgreich ab.

Es folgten verschiedene Sprachaufenthalte in Italien, Frankreich und England. Ausser meiner Muttersprache Deutsch beherrsche ich alle diese Sprachen in Wort und Schrift. Nach diesem Zwischenjahr trat ich in die Firma Rutto AG ein. Dort arbeite ich seit drei Jahren als Chefsekretärin.

Da ich beabsichtige, in nächster Zeit wieder in meinen Heimatort zu ziehen, suche ich eine anspruchsvolle Tätigkeit, welche mir Freude bereitet.

Ich würde mich freuen, wenn Sie mich zu einem Vorstellungsgespräch empfangen würden.

Mit freundlichen Grüssen

Lebenslauf, Arbeitszeugnis und Sprachzertifikate

Name und Adresse

Ort, Datum

Sauber AG
z.Hd. Herrn Fischer
Untere Gasse 12
5703 Seon

Bewerbung zur Büroangestellten

Sehr geehrter Herr Fischer

Laut telefonischer Auskunft von Herrn Berger suchen Sie auf anfangs Juli 19.. eine Büroangestellte.

Ich werde meine Lehre als Büroangestellte im nächsten Monat beenden und möchte mich deshalb um diese Stelle bewerben.

Nach Abschluss meiner obligatorischen Schulzeit absolvierte ich einen Sprachaufenthalt in Brighton, England. Danach entschied ich mich, meine Lehrzeit im Büro der Firma Gerber AG zu absolvieren. Während meiner Lehrzeit wurde ich in alle kaufmännischen Arbeiten eingeführt.

Auskunft über meinen Arbeitseinsatz gibt Ihnen Herr Peter Wolter, Personalleiter, Rümlangerstrasse 2, 5000 Aarau.
Telefon: 01 23 45 55 intern 432.

Ausserdem wäre ich auch zu einem Vorstellungsgespräch bereit.
Über Ihren positiven Bescheid würde ich mich freuen!

Mit freundlichen Grüssen

Zeugniskopien
Lebenslauf

Der Lebenslauf

Zu jeder Bewerbung gehört selbstverständlich ein Lebenslauf, welcher Auskunft über Schulbildung, Weiterbildung und berufliche Tätigkeit enthält. In jedem Fall ist die Aufstellung der Daten übersichtlich anzuordnen. Ebenfalls nicht fehlen sollten die "Referenzen". Unter Referenzen versteht man die Adressangaben eines früheren Ausbilders oder eines Berufsschullehrers. Ein solcher Lebenslauf sollte unbedingt lückenlos und ehrlich sein, auch wenn man bestimmte Angaben, wie zum Beispiel "Arbeitslosigkeit", nicht gerne angibt. Ein Schwindel wird in jedem Fall eines Tages aufgedeckt. Heute wird dem Lebenslauf oft ein Passfoto des Bewerbers beigefügt.

LEBENSLAUF

Name und Adresse	Peter Steiner Hauptstr. 6, 7013 Domat/Ems
Geburtsdatum	03. August 19..
Heimatort	Domat/Ems
Zivilstand	verheiratet, 1 Sohn
Militär	Geb Füs 3/92
Schulbildung	19.. - 19.. Primarschule in Chur 19.. - 19.. Kantonsschule in Chur 19.. - 19.. Handelslehre in Bern
Sprachen	Englisch Korrespondenz Französisch Korrespondenz Deutsch Muttersprache
Berufliche Tätigkeit	12. März 19.. - 20. Februar 19.. Buchhalter bei Gross AG, Felsberg 01. März 19.. - 31. Dezember 19.. Kantonalbankangestellter in Chur 01. Februar 19.. - heute Buchhalter bei Ems Chemie, 7013 Domat/Ems
Referenzen	Herrn H. Melker, Stüssi 5, 7000 Chur Telefon 081 22 14 14 Herrn D. Ernst Bergli, 7013 Domat/Ems Telefon 081 36 43 01
Eintritt	nach Vereinbarung

Domat/Ems, 23.07.19..

LEBENSLAUF

Name:	Hans Allemann
Wohnort:	Grübli 12 A 9015 St.Gallen
Geburtstag:	23.08.19..
Geburtsort:	St.Gallen
Schulen:	19.. - 19.. Primarschule 19.. - 19.. Kantonsschule Maturaabschluss
Berufserfahrung:	Praktikum bei der Kantonalbank in St.Gallen in verschiedenen Abteilungen 19.. - 19.. Banklehre Abschlussnote 5.0 19.. - 19.. Berufserfahrung bei der Raiffeisenbank in Genf
Referenzen:	Frau Hilda Gerber, Kassiererin Bahnhofstrasse 13 1211 Genf Telefon: 022 49 58 30
Frühestmöglicher Eintritt:	01.08.19..

Genf, 15.04.19..   Hans Allemann

Lebenslauf

Angaben zur Person

Name:	Petra Hungerbühler
Adresse:	Talstrasse 58 8306 Brüttisellen
Telefonnummer:	01 689 68 47
Geburtsort:	Zürich
Geburtsdatum:	03.05.19..
Familienstand:	ledig
Konfession:	reformiert

Schulausbildung:

Primarschule:	19.. - 19.. in Brüttisellen
Sekundarschule:	19.. - 19.. in Brüttisellen
Kantonsschule:	19.. - 19.. in Zürich

Berufsausbildung:

Kaufmännische Lehre:	19.. - 19.. Abschlussnote 5.3 Kelta AG, Postfach, 8050 Zürich
Berufserfahrung:	19.. - 19.. Büro Feller, Güetli 743 8306 Brüttisellen
Referenzen:	Herrn P. Müller, Personalchef, Rathausgasse, 8306 Brüttisellen

Brüttisellen, 29.07.19..

Petra Hungerbühler

Urlaubsgesuche

Sofern in Firmen nicht bestimmte Formulare für das Urlaubsgesuch vorhanden sind, muss man darauf achten, dass das gestellte Gesuch vor allem klar und unmissverständlich hinsichtlich der Daten ist.

Sonderurlaub

Beim Sonderurlaub von längerer Dauer, wie zum Beispiel unbezahlte Ferien, sollten Angaben über die Gründe und den Zweck des Urlaubes nicht fehlen. Ein Gelingen der Anfrage liegt oft in der guten Formulierung der eigenen Wünsche.

Name und Adresse

Ort, Datum

Bäckerei Haldimann
z.Hd. Herrn Feller
Bahnhofstrasse 4
7000 Chur

Feriengesuch

Sehr geehrter Herr Feller

Im letzten Monat verstarb, für uns völlig unerwartet, unsere Grosstante in Genf.

Da sie keine direkten Nachkommen hat, habe ich mich bereiterklärt, bei der Räumung ihrer Wohnung in Genf behilflich zu sein.

Daher wäre ich dankbar, wenn Sie mir für die Zeit vom

12. Juni 19.. - 16. Juni 19..

Ferien gewähren könnten.

Bitte entschuldigen Sie, wenn ich mit dieser Bitte so kurzfristig an Sie herantrete. Es war mir leider nicht möglich, Sie früher zu benachrichtigen.

Besten Dank für Ihr Verständnis.

Mit freundlichen Grüssen

Name und Adresse

Ort, Datum

Eisenwarengeschäft
Peter Reber
z.Hd. Herrn Sonderegger
Bahnhofstrasse 495
4500 Solothurn

Feriengesuch für Fortbildungskurs

Sehr geehrter Herr Sonderegger

Am 23. August dieses Jahres findet in Bern der alljährliche Fortbildungskurs für Magaziner statt.

In diesem Jahr wird speziell auf den Einsatz von Computern eingegangen. Mein Vorgesetzter, Herr Teubner, hat mir mitgeteilt, dass die Geschäftsleitung beschlossen hat, auf Anfang des nächsten Jahres einen Computer für das Magazin anzuschaffen.

Ich glaube deshalb, dass es von grossem Nutzen für mich und die Geschäftsleitung wäre, wenn ich an diesem Kurs teilnehmen könnte.

Der Kurs dauert vom 23. August - 30. August 19... Die Kurskosten betragen Fr. 850.-- (inkl. Schulmaterial und Hotel). Wenn die Firma die Kurskosten übernimmt, erkläre ich mich bereit, eine Woche meiner Ferien zu investieren.

Gerne erwarte ich Ihren Bescheid. Anmeldeschluss für den Kurs ist der 05. Mai 19...

Mit freundlichen Grüssen

Name und Adresse

Ort, Datum

Ferma AG
z.Hd. Herrn Tahler
Postfach 56
6060 Sarnen

Feriengesuch wegen Sprachaufenthalt in England

Sehr geehrter Herr Tahler

Seit drei Jahren arbeite ich in Ihrer Firma als Sekretärin. Es hat mir stets grosse Freude bereitet, in Ihrem Betrieb mitzuarbeiten.

Seit geraumer Zeit habe ich jedoch das Bedürfnis, mich weiterzubilden. Der rege Geschäftskontakt zu englischen Firmen hat mir deutlich gezeigt, dass meine Englischkenntnisse ungenügend sind.

Darum möchte ich einen dreimonatigen Sprachaufenthalt in London absolvieren. "The English language school" wurde mir von verschiedenen Seiten bestens empfohlen.

In den Monaten Juni, Juli und August könnte meine Arbeit von einer meiner Arbeitskolleginnen erledigt werden. Genaue Daten müsste ich, sofern Sie meinem Vorhaben zustimmen, noch abklären.

Ich bin sicher, ein Aufenthalt in England würde mir helfen, englische Korrespondenzen in Zukunft zu Ihrer vollen Zufriedenheit erledigen zu können.

Bitte teilen Sie mir Ihre Entscheidung so schnell als möglich mit. Falls Sie es wünschen, unterbreite ich Ihnen gerne sämtliches Prospektmaterial der Schule in London.

Mit freundlichen Grüssen

Versetzungen

Bei der Versetzung innerhalb der gleichen Firma achte man stets darauf, dass man die zuletzt ausgeführte Arbeit im Betrieb nicht allzusehr verurteilt. Vielmehr weise man darauf hin, dass man vielleicht auf Grund besserer Ausbildung sich für eine andere Aufgabe berufen fühlt. Oft möchte sich der Arbeitnehmer auch aus gesundheitlichen Gründen in eine andere Abteilung versetzen lassen. Bei Versetzungsgesuchen, in welchen der Gesuchsteller persönliche Differenzen mit einem anderen Mitarbeiter anführt, sollte mit sehr viel Fingerspitzengefühl vorgegangen werden.

Name und Adresse

Ort, Datum

Modeversand Müller
z. Hd. Herrn Müller jun.
Albisgüetli 12
8050 Zürich

Versetzung in eine andere Abteilung

Sehr geehrter Herr Müller

Seit einem Jahr bin ich nun in Ihrem Betrieb als Packerin tätig. Meine Arbeit hat mir immer Freude gemacht.

Seit ungefähr sechs Wochen leide ich an einer hartnäckigen Bandscheibenentzündung, welche mich sehr stark behindert.

Obwohl ich in ärztlicher Behandlung bin, konnte ich bisher keine Linderung meiner Schmerzen feststellen. Möglicherweise rühren diese Schmerzen von den schweren Paketen her, die ich täglich zu tragen habe.

Da ich weiterhin in Ihrem Betrieb mitarbeiten möchte, bitte ich Sie, mich in eine andere Abteilung zu versetzen. Am ehesten würde mir die Lagerkontrollabteilung liegen. Da könnte ich meinen Rücken sehr gut schonen.

Falls Sie mit meinem Vorschlag nicht einverstanden sind, bin ich gerne bereit, mit Ihnen zu besprechen, wie wir dieses Problem lösen könnten.

Ich bitte Sie, mein Anliegen wohlwollend zu prüfen!

Mit freundlichen Grüssen

Name und Adresse

Ort, Datum

Warenhaus Pizokel
z.Hd. Herrn Bauer
Bahnhofstrasse 66 A
6000 Luzern

Versetzung in die Schmuckabteilung

Sehr geehrter Herr Bauer

Vor zwei Jahren bin ich als Textilverkäuferin in Ihre Firma eingetreten. Ich habe mich stets nach bestem Können eingesetzt.

Heute möchte ich jedoch mit einer Bitte an Sie herantreten. Seit einiger Zeit gibt es Unstimmigkeiten zwischen der 1. Verkäuferin und mir. Ich habe mich bemüht, unsere Probleme zu lösen, leider ohne grossen Erfolg.

Deshalb möchte ich Sie bitten, mich in eine andere Abteilung zu versetzen. Da ich eine Goldschmiedelehre absolviert habe, glaube ich, dass ich mein Fachwissen am besten in der Schmuckabteilung einsetzen könnte.

Gerne erwarte ich Ihren Bericht.

Mit freundlichen Grüssen

Allgemeine Gesuche an die Geschäftsleitung

Bei allgemeinen Gesuchen an die Geschäftsleitung sollte man nicht nur Ursachen erwähnen, welche den Briefsteller im Betrieb stören. Besser ist es, an den Anfang eines Gesuches einige Tatsachen zu stellen, mit welchen der Gesuchsteller zufrieden ist. Der zuständige Bearbeiter ist so dem Gesuch gegenüber sofort gut gesinnt.

Name und Adresse

Ort, Datum

Architekturbüro
Albert Meier
z.Hd. Herrn Meier
Sonnenfang
8608 Bubikon

Verschiebung meines freien Wochentages

Sehr geehrter Herr Meier

Seit drei Jahren arbeite ich als Hochbauzeichner in Ihrem Betrieb. Meine Arbeit gefällt mir ausgezeichnet, und wie Sie mir sicher zustimmen können, setze ich mich nach bestem Können ein.

Heute möchte ich jedoch mit einer Bitte an Sie herantreten. Es handelt sich dabei um die Verschiebung meines freien Wochentages von Donnerstag auf den Montag.

Meine nun 80jährige Mutter besucht jeweils am Montag die Schwimmtherapie in Dübendorf. Da sie nicht mehr fähig ist, die anstrengende Bahnreise zu unternehmen, muss ich sie mit dem Auto hinfahren.

Bis vor kurzem hat dies mein Sohn erledigt. Vor einem Monat hat er das Jus-Studium in Zürich begonnen und hat daher keine Möglichkeit mehr, diese Fahrt mit meiner Mutter zu unternehmen.

Ich wäre Ihnen dankbar, wenn Sie meine Bitte erfüllen könnten, und danke Ihnen für Ihre baldige Antwort.

Mit freundlichen Grüssen

Kündigung im Beruf

Als erstes sei erwähnt, dass Kündigungen heute schriftlich sein sollten. Ausserdem ist zu empfehlen, Kündigungen als **"Einschreiben"** zu versenden. Man kann so auf der angegebenen Kündigungsfrist bestehen. Diese Kündigungsfrist ist in der Regel im Gesamtarbeitsvertrag festgehalten. Besteht kein solcher Vertrag, ist die Kündigungsfrist im "Schweizerischen Obligationenrecht" zu finden.

Ausser dem Kündigungsdatum sollte man höflicherweise auch einen Kündigungsgrund angeben. Am Ende des Schreibens kann ein Arbeitszeugnis angefordert werden.

Name und Adresse

Ort, Datum

Einschreiben
Hauptpost
z.Hd. Herrn Furrer
Berggasse 59
2543 Lengnau

Kündigung

Sehr geehrter Herr Furrer

Hiermit kündige ich meine Stelle als Paketpöstler auf den **31.7.19...**
Ich werde auf diesen Zeitpunkt eine neue Stelle im Betrieb meines Bruders antreten.

Ich danke Ihnen für die schöne Zeit, welche ich bei der PTT verbringen durfte.

Darf ich am 01.08.19.. mein Arbeitszeugnis bei Ihnen abholen?

Mit freundlichen Grüssen

Name und Adresse

Ort, Datum

Einschreiben
Bäckerei Huber
z.Hd. Frau Huber
Mühle 39
5606 Dintikon

Kündigung

Sehr geehrte Frau Huber

Wie schon persönlich mit Ihnen besprochen, kündige ich meine Stelle als Bäcker in Ihrem Betrieb

auf den 30.9.19...

Im nächsten Monat werde ich für 6 Monate zur Weiterbildung ins Ausland reisen.

Für Ihr Vertrauen, welches Sie mir immer wieder entgegengebracht haben, bedanke ich mich an dieser Stelle recht herzlich.

Ich hoffe, dass ich an meiner neuen Stelle in Frankreich ebenso glücklich werde, wie ich es in Ihrem Betrieb war.

Mit freundlichen Grüssen

Name und Adresse

Ort, Datum

Einschreiben
Therm AG
z.Hd. Herrn Zurfluh
Austrasse 3
6317 Oberwil

Kündigung

Sehr geehrter Herr Zurfluh

Seit drei Jahren arbeite ich in Ihrem Betrieb als kaufmännischer Angestellter.

Da ich mich jedoch weiterbilden möchte, **kündige** ich meine Stelle auf den **30.Juni 19....**

Bitte stellen Sie mir ein Arbeitszeugnis auf den 01. Mai dieses Jahres aus.

Mit freundlichem Gruss

Name und Adresse

Ort, Datum

Einschreiben
Offsetdruckerei Schwarz/Weiss
z.Hd. Herrn Clemens
Rang 12
9000 St.Gallen

Kündigung

Sehr geehrter Herr Clemens

Da ich mich in nächster Zeit beruflich verändern möchte, kündige ich meine Stelle als Offsetdrucker auf den

31. Mai 19...

Ich danke Ihnen ganz herzlich für die gute Zusammenarbeit, welche ich während meiner 5jährigen Tätigkeit erfahren durfte. Ich werde mich bestimmt gerne daran zurückerinnern.

Wäre es Ihnen möglich, mir ein Arbeitszeugnis bis zum 20. April 19.. zu übergeben?

Mit freundlichen Grüssen

Wohnungs- und Zimmersuche

Oft sieht man in Tageszeitungen Inserate, welche eine Wohnung oder ein Zimmer zur Miete anbieten. Es ist ratsam, sehr schnell zu reagieren und auf das Inserat zu antworten. Auch hier (ähnlich wie in der Stellenbewerbung) muss man für sich selbst werben, um Aussicht auf Erfolg zu haben. Oft besteht eine sehr grosse Nachfrage nach solchen Objekten.

Im entsprechenden Brief sollte man ganz genau auf das Inserat eingehen. Ausserdem ist es von Vorteil, wenn man im Brief beschreiben kann, warum man einen Wechsel anstrebt, sei es nun wegen dem zu erwartenden Familienzuwachs, oder ganz einfach dem Wunsch nach Veränderung; der Vermieter ist ganz bestimmt an den Gründen interessiert.

<u>Name und Adresse</u>

Ort, Datum

Vermittlungs AG
Postfach 45 32
5400 Baden

<u>4-Zimmer-Wohnung im Wiesen-Quartier; Fr. 980.-- exkl.Nk</u>

Sehr geehrter Vermieter

In der heutigen "Badener Zeitung" lasen wir mit grossem Interesse Ihr Inserat.

Wir, das sind mein Mann und ich und unsere beiden Söhne Marcel (6 Jahre) und Reto (5 Jahre). Mein Mann arbeitet als Schreiner hier in Baden. Unsere beiden Söhne besuchen halbtags den Kinderhort. Ich bin als Hausfrau tätig und hätte so bestimmt Zeit, den uns zur Verfügung stehenden Garten zu bewirtschaften.

Im Augenblick wohnen wir hier in einer kleinen 3-Zimmer-Wohnung, in der wir uns sehr beengt fühlen.

Das Wiesen-Quartier ist uns als sehr sonnig und warm bekannt. Dies wäre für unsere beiden Kinder ideal, welche dann die Möglichkeit hätten, im Freien zu spielen.

Es würde uns sehr freuen, wenn Sie uns bei der sicher sehr zahlreichen Auswahl berücksichtigen könnten. Wir versichern Ihnen, dass Sie in uns angenehme und ruhige Mieter hätten.

Mit freundlichen Grüssen

Name und Adresse

Ort, Datum

Wohnzim AG
Postfach 5843
8050 Zürich

2-Zimmer-Wohnung

Sehr geehrter Vermieter

Von einer Bekannten habe ich heute erfahren, dass Sie eine ruhige Mieterin für Ihre 2-Zimmer-Wohnung suchen.

Seit einem Monat studiere ich an der Universität hier in Zürich. Ich möchte Ärztin werden.

Da ich vom Schulpensum her sehr beansprucht werde, ziehe ich es vor, in einer ruhigen Wohngegend zu wohnen, damit ich mich intensiv auf mein Studium konzentrieren kann. An den Wochenenden reise ich sehr häufig zu meinen Eltern nach Chur. In meiner Freizeit treibe ich gerne Sport, und ich lese sehr oft.

Wenn Sie mich bei Ihrer Wahl berücksichtigen könnten, wäre ich sehr glücklich. Ich verspreche Ihnen, dass ich eine angenehme Mieterin sein werde.

Gerne erwarte ich Ihren baldigen Bericht.

Mit freundlichen Grüssen

Name und Adresse

                              Ort, Datum

Herrn
Peter Simmen
Acker 45
6000 Luzern

<u>Möbliertes Zimmer zur Untervermietung im Stadtzentrum</u>

Sehr geehrter Herr Simmen

Laut Inserat im Amtsblatt suchen Sie auf den 01. August 19.. einen Untermieter. Da ich ab 15. August 19.. die Handelsschule in Ihrer Stadt besuchen werde, suche ich auf diesen Zeitpunkt ein preisgünstiges Zimmer.

Ich bin 17 Jahre alt. In meiner Freizeit gehe ich häufig ins Kino, und ich werde vermutlich einem Fussball-Verein aus der Gegend beitreten. Bestimmt werden mich auch meine Hausaufgaben sehr in Anspruch nehmen.

Voraussichtlich werde ich während 3 Jahren in Luzern bleiben.

Gerne würde ich mich persönlich vorstellen.

Mit freundlichen Grüssen

Kündigung der Wohnung oder des Zimmers

Auch hier sollten Umzugsdatum und die Gründe des bevorstehenden Wechsels zum Ausdruck kommen. Ebenfalls wäre es vorteilhaft, wenn man erwähnen könnte, dass der bisherige Aufenthalt in der Wohnung oder im Zimmer angenehm war.

Name und Adresse

                          Ort, Datum

Einschreiben
Falb AG
Postfach 483
8135 Langnau

Kündigung

Sehr geehrte Damen und Herren

Meine Frau erwartet im nächsten Februar unser drittes Kind. Nach der Geburt dieses Kindes wird unsere Wohnung für eine fünfköpfige Familie zu klein sein.

Wir kündigen deshalb unsere Wohnung auf den 30.9.19...

Meine Familie und ich haben hier eine sehr angenehme Zeit verbracht, und es fällt uns nicht leicht, von hier fortzuziehen.

Mit freundlichen Grüssen

Name und Adresse

Ort, Datum

Einschreiben
Wohnag
Rheinstrasse 39
3132 Belp

Kündigung

Sehr geehrte Damen und Herren

Seit längerer Zeit suchen mein Mann und ich eine grössere Wohnung, da wir dringend einen zusätzlichen Raum benötigen.

Dies ist uns nun gelungen, daher kündigen wir unsere 3-Zimmer-Wohnung *auf den 31. August 19...*

Trotzdem tut es uns weh, hier wegzuziehen, da wir in dieser Wohnung eine glückliche Zeit erleben durften.

Mit freundlichen Grüssen

Name und Adresse

Ort, Datum

Einschreiben
Frau
Berta Koch
Calandastrasse 59
9100 Herisau

Kündigung

Sehr geehrte Frau Koch

Auf den 01. Mai 19.. kann ich in Chur meine neue Arbeitsstelle antreten. Deshalb kündige ich meine 2-Zimmer-Wohnung auf den

30. April 19...

Für Ihre nette Nachbarschaft möchte ich mich herzlich bei Ihnen bedanken; bestimmt werde ich mich oft an die Zeit hier zurückerinnern.

Mit freundlichen Grüssen

Name und Adresse

Ort, Datum

Einschreiben
Herrn
Hans Hutter
Obere Au
8122 Binz

Kündigung

Sehr geehrter Herr Hutter

Wie Sie wissen, war ich stets bestrebt, mich weiterzubilden. Für anfangs November habe ich mich nun für den 1jährigen EDV-Kurs in Bern angemeldet.

Deshalb kündige ich meine 2-Zimmer-Wohnung auf den 30.10.19...

Es hat mir hier in der Rütistrasse stets gut gefallen. Bestimmt werde ich mich noch oft an diese Zeit hier erinnern.

Mit freundlichen Grüssen

Kündigung eines Abonnements

Ein Abonnement kann man nur auf einen bestimmten Termin kündigen. Es genügt ganz einfach das Abbestellen, wie es aus den nachfolgenden Beispielen ersichtlich ist. Es ist nicht unbedingt nötig, die Gründe der Abbestellung anzugeben.

Achtung: Bei den meisten Zeitungen und Zeitschriften muss man schon einige Wochen vor Ablauf des Abonnements kündigen, da sonst das Abonnement automatisch weiterläuft. Bitte beachten Sie die jeweiligen Abonnements-Bedingungen.

Name und Adresse

Ort, Datum

Einschreiben
Kultur aktuell
Postfach 12
6433 Stoos

Kündigung meines Abonnements "Kultur aktuell"

Sehr geehrte Damen und Herrn

Auf den 30. Juni 19.. möchte ich mein Abonnement der Zeitschrift "Kultur aktuell" kündigen.

Ich bitte Sie auch, mir kein Werbematerial mehr zuzustellen.

Mit freundlichen Grüssen

Name und Adresse

Ort, Datum

Einschreiben
Zürcher Tagesanzeiger
Postfach 596
8000 Zürich

Kündigung des Abonnements Tagesanzeiger

Sehr geehrte Damen und Herren

Im nächsten Monat werde ich in meinen Heimatkanton zurückkehren. Daher kündige ich mein Abonnement des "Zürcher Tagesanzeigers" auf den 30. Dezember 19...

Der Tagi hat mir während meiner Jahre hier in Zürich stets geholfen, die aktuellen Geschehnisse in der Welt zu verfolgen.

Mit freundlichen Grüssen

Name und Adresse

Ort, Datum

Einschreiben
Zeitschrift DAS TIER
Postfach 3498
8211 Hofen

Kündigung meines Abos DAS TIER

Sehr geehrte Damen und Herren

Da meine Kinder nun aus der Schule sind, möchte ich das Abo "Das Tier" auf den nächstmöglichen Termin kündigen.

Meine Kinder haben die Zeitschrift stets mit grossem Interesse gelesen. Durch die Zeitschrift wurde ihnen das Leben der Tiere ein Stück näher gebracht.

Mit freundlichen Grüssen

Widerruf einer Bestellung

Die Annahme einer Annullierung durch die betreffende Firma ist nicht selbstverständlich.

Falls man jedoch einen stichhaltigen Grund zum Widerruf angeben kann, wird jede Firma dieser Anfrage nachkommen. Es ist jedoch darauf zu achten, dass die Annullierung so schnell als möglich bei der Firma eintrifft, so dass diese die Ausführung des Auftrages stoppen kann.

Name und Adresse

Ort, Datum

Einschreiben
Möbel AG
z.Hd. Herrn Kleber
Zugerstrasse 34
6340 Baar

<u>Widerruf meiner Bestellung vom 03.12.19..</u>

Sehr geehrter Herr Kleber

Wie heute telefonisch mit Ihnen besprochen, annulliere ich meine Bestellung vom 03.12.19...

Es ist uns leider nicht möglich, die bestellte Wohnwand "Arve" zu beziehen, da durch bauliche Veränderungen in unserer Stube der Platz zu knapp wurde.

Sobald wir die genauen und endgültigen Masse kennen, werden wir Sie bestimmt berücksichtigen.

Für unsere voreilige Handlung möchten wir uns noch einmal entschuldigen. Gleichzeitig bedanken wir uns für Ihr Verständnis.

Mit freundlichen Grüssen

Name und Adresse

Ort, Datum

HIFI AG
z.Hd. Herrn Schindler
Brauereistrasse 34
3400 Burgdorf

Widerruf meiner Bestellung vom 23.08.19..

Sehr geehrter Herr Schindler

Leider muss ich Sie bitten, meine Bestellung vom 23.08.19.. über die Stereoanlage **M A R S 5 0 0 0** zu stornieren.

Am 25.08.19.. wurde ich in einen schweren Autounfall, bei welchem ich die volle Schuld zu tragen habe, verwickelt. Da ich mein Auto erst seit einigen Monaten besitze, ist der Selbstbehalt des Schadens sehr hoch.

Deshalb bin ich aus finanziellen Gründen nicht in der Lage, diese Stereoanlage bei Ihnen zu kaufen.

Ich hoffe, dass Sie meine Gründe verstehen werden. Sobald es mir möglich ist, werde ich gerne auf Ihr Angebot zurückkommen.

Für Ihre unaufdringliche und fachmännische Beratung bedanke ich mich herzlich.

Mit freundlichen Grüssen

Name und Adresse

Ort, Datum

Plattengeschäft Felber
Rauberg 76
8561 Neuwilen

Widerruf meiner Bestellung vom 12.03.19..

Sehr geehrte Damen und Herren

Am 12.03.19.. bestellte ich bei Ihnen die Langspielplatte von Chris deBurg, The Getaway.

Leider muss ich Sie heute bitten, meine Bestellung zu annullieren, da ich diese LP heute zu meinem Geburtstag geschenkt bekommen habe.

Bestimmt werde ich auch in Zukunft meine Plattenwünsche in Ihrem Geschäft erfüllen, denn ich bin stets zu meiner Zufriedenheit bedient worden.

Mit freundlichen Grüssen

Antworten auf Mahnungen

Bei Antworten auf Mahnungen sollte man immer sachlich sein. Im Antwortbrief muss man darauf achten, dass keine wichtigen Angaben vergessen gehen. Erwähnt werden muss das Rechnungsdatum und die Rechnungsnummer, eventuell auch Mahnungsnummer und Mahnungsdatum.

Falls die Rechnung schon bezahlt worden ist, gibt man das Überweisungsdatum an und auf welches Konto der Betrag einbezahlt worden ist. Wenn bei der Zahlung nicht der Originaleinzahlungsschein benützt worden ist, ist dies zu erwähnen.

Falls die Rechnung noch nicht beglichen ist, sollte man sich für den Zahlungsverzug entschuldigen und das baldmöglichste Zahlungsdatum nennen.

Name und Adresse

Ort, Datum

Fotolabor
Rauch AG
Jochstrasse 8
9470 Buchs

Ihre Nachnahme vom 09.12.19..

Sehr geehrte Damen und Herren

Gestern überbrachte mir der Postbote Ihre Nachnahme vom 09.12.19.. über den Betrag von Fr. 26.70.

Ich habe diese Nachnahme sofort eingelöst!

Heute möchte ich mich bei Ihnen entschuldigen, dass dieser Betrag nicht früher beglichen worden ist.

Es war mir leider nicht möglich, denn ich musste mich für eine Knieoperation ins Spital begeben. Bei der Operation sind leider unerwartete Komplikationen aufgetreten, durch welche ich länger als vorgesehen bettlägerig wurde. Somit geriet Ihre Rechnung in Vergessenheit.

Noch einmal bitte ich Sie um Entschuldigung und danke Ihnen für Ihr Verständnis.

Gerne werde ich Sie bei meinem nächsten Entwicklungsauftrag wieder berücksichtigen.

Mit freundlichen Grüssen

Name und Adresse

Ort, Datum

Siedler Versand
Auwies 78
6830 Chiasso

Ihr Kontoauszug vom 23.04.19..

Sehr geehrte Damen und Herren

Vor drei Tagen haben Sie mir den Kontoauszug Nr. 2364 vom 23.04.19.. über den Betrag von Fr. 29.-- zugesandt.

Ich möchte mich entschuldigen, dass dieser Betrag bis heute noch nicht bezahlt worden ist. Unverzüglich habe ich dies natürlich nachgeholt und Ihre Forderung beglichen.

Da ich vom 15.03.19.. - 10.04.19.. im Ausland weilte, ging diese Rechnung vergessen. Selbstverständlich werde ich in Zukunft meine Rechnungen wieder pünktlich begleichen.

Besten Dank für Ihr Verständnis.

Mit freundlichen Grüssen

Name und Adresse

Ort, Datum

Apollo Versand
Postfach 576
8000 Zürich

Mahnung vom 03.03.19.. der RG. Nr. 980 vom 12.10.19..

Sehr geehrte Damen und Herren

Heute erhielt ich Ihre 2. Mahnung der Rechnung Nr. 980 vom 12.01.19...

Den Rechnungsbetrag von Fr. 64.50 habe ich am 15.02.19.. auf Ihr Konto bei der Kantonalbank überwiesen.

Ich möchte mich nachträglich entschuldigen, dass ich nicht bereits auf die erste Zahlungserinnerung reagiert habe, denn ich war im Glauben, dass sich meine Zahlung und Ihre Mahnung gekreuzt hatten.

Falls noch weitere Fragen auftauchen, können Sie mich unter folgenden Telefonnummern erreichen:

Geschäft: 01 712 34 56
Privat: 01 213 55 76

Mit freundlichen Grüssen

Name und Adresse

Ort, Datum

Hobby-Versand
Moller
Berggasse
4132 Muttenz

Mahnung vom 12.12.19.. der Rg. Nr. 67 vom 04.10.19..

Sehr geehrte Damen und Herren

Heute erhielt ich Ihre Zahlungserinnerung der Rechnung Nr. 67 vom 04.10.19.. über den Betrag von Fr. 216.60.

Ich bitte Sie um Entschuldigung, dass dieser Betrag bis heute noch nicht beglichen wurde. Leider wird es mir auch in nächster Zeit nicht möglich sein, Ihrer Forderung nachzukommen.

Deshalb unterbreite ich Ihnen folgenden Zahlungsvorschlag:

Den Rechnungsbetrag von Fr. 216.60 werde ich in 4 Monatsraten von jeweils Fr. 55.-- bezahlen. Ihre Forderung wäre dann im Februar des nächsten Jahres beglichen.

Falls Sie meinem Vorschlag zustimmen, bitte ich Sie, mir 4 Einzahlungsscheine zu senden. Die erste Rate werde ich unverzüglich auf Ihr Konto überweisen.

Für meinen Zahlungsverzug bitte ich Sie, mich nochmals zu entschuldigen. Gerne erwarte ich Ihren Bericht.

Mit freundlichen Grüssen

Name und Adresse

Ort, Datum

Modeversand Huber
Römerstrasse 49
6196 Marbach

Ihre Mahnung vom 24.06.19..

Sehr geehrte Damen und Herren

Als ich gestern aus den Ferien zurückkehrte, fand ich bei der Briefpost Ihre Mahnung vom 24.06.19.. über den Betrag von Fr. 45.--.

Sie mahnen darin die Rechung Nr. 5748. Mit Ihrer Lieferung erhielt ich damals einen roten Bikini der Grösse 34, Bestellnummer 4949. Da mir dieser Bikini etwas zu kanpp war, musste ich diese Sendung an Sie retournieren. Die betreffende Rechnung habe ich beigelegt. Ausserdem habe ich die Sendung eingeschrieben an Sie gesandt; womit Ihre Mahnung völlig unberechtigt ist.

Ich bitte Sie, dies abzuklären! Für weitere Auskünfte stehe ich gerne zur Verfügung.

Mit freundlichen Grüssen

Name und Adresse

Ort, Datum

Lebensmittel Federer
Hauptstrasse 93
1000 Lausanne

Stundungsgesuch Ihrer Rechnung Nr. 5847 vom 23.11.19..

Sehr geehrte Damen und Herren

Vor zwei Wochen erhielt ich Ihre Lieferung vom 23.11.19.., über diverse Milchprodukte, im Betrag von Fr. 159.--.

Besten Dank für die prompte Lieferung.

Leider muss ich Sie heute bitten, mir diesen Betrag bis zum 15.01.19.. zu stunden. Ich erhielt heute eine Nachsteuerrechnung im Betrag von über zwei Monatslöhnen.

Es ist mir daher nicht möglich, Ihre Rechnung termingerecht zu bezahlen. Ich versichere Ihnen, dass ich alles daran setzen werde, um meinen finanziellen Verpflichtungen nachzukommen.

Falls Sie mit meinem Vorschlag nicht einverstanden sind, benachrichtigen Sie mich bitte. Ich bin jedoch davon überzeugt, dass Sie meine Anfrage wohlwollend prüfen werden.

Besten Dank für Ihr Entgegenkommen.

Mit freundlichen Grüssen

Name und Adresse

Ort, Datum

Kosmetik AG
Haldenstrasse 549
4900 Langenthal

Ihre Rechnung Nr. 594 vom 10.11.19..; Fr. 323.--

Sehr geehrte Damen und Herren

Am 12.11.19.. erhielt ich Ihre Sendung über diverse Gesichtskosmetika. Leider muss ich heute mit einer Bitte an Sie herantreten.

Durch eine unbedachte Investition meinerseits bin ich in eine sehr schlechte finanzielle Lage geraten und muss Sie daher bitten, mir diesen Betrag bis zum 01.02.19.. zu stunden. Ich bin überzeugt, dass es mir bis zu diesem Zeitpunkt möglich sein wird, Ihrer Forderung nachzukommen.

Selbstverständlich werde ich Ihnen allfällige Unkosten entschädigen. Für mein Verhalten bitte ich um Entschuldigung und danke Ihnen für Ihr Entgegenkommen.

Gerne erwarte ich Ihren Bericht.

Mit freundlichen Grüssen

Name und Adresse

Ort, Datum

Herrn
Adolf Gerber
Landwirt
Mühlacker 12
8903 Birmensdorf

<u>Ihre Mahnung Nr. 756 vom 15.04.19..</u>

Sehr geehrter Herr Gerber

Heute erhielt ich Ihre Mahnung Nr. 756 vom 15.04.19... Sie mahnen darin die Rechung vom 15.03.19.. für die Lieferung von 50 Kilo Grafensteiner-Äpfel. (2.Qualität)

Ihre Rechnung ist wohl am 15.03.19.. ausgestellt worden; in den Besitz der Äpfel kam ich jedoch erst am 03. April 19..! Am gleichen Tag sprach ich mit Ihrer Frau über diese Lieferverzögerung. Wir trafen die Abmachung, dass die Rechnung erst am 03.05.19.. fällig sein wird.

Vermutlich hat Ihre Frau vergessen, Sie von diesem Gespräch zu unterrichten. Bestimmt wird sie dies jedoch bestätigen!

Selbstverständlich werde ich den Betrag von Fr. 53.-- pünktlich am 03.05.19.. auf Ihr Bankkonto überweisen.

Mit freundlichen Grüssen

Entschuldigungsschreiben

Falsche Höflichkeit ist bestimmt fehl am Platz; trotzdem sollte man darauf achten, dass die Entschuldigung klar zum Ausdruck kommt. Es können ja oft Umstände eintreten, für welche man im Grunde genommen schuldlos ist. Mit einem guten Schreiben kann man jede Person für seine Anliegen gewinnen.

Name und Adresse

Ort, Datum

Herrn
Hans Leubli
Sekundarlehrer
3368 Bleichbach

Sehr geehrter Herr Leubli

Unser Sohn Marcel wurde gestern im Fussballtraining durch einen Mitspieler so schwer verletzt, dass wir ihn ins Kantonsspital einliefern mussten. Dort wurde eine Überdehnung des Kreuzbandes festgestellt. Voraussichtlich wird er weitere 7 - 10 Tage im Spital verbringen müssen, um sein Knie zu schonen.

Wir hoffen, dass er durch das Fehlen in der Schule nicht allzuviel vom Schulstoff versäumt. Bestimmt wird er sich jedoch einsetzen und so viel wie möglich zu Hause repetieren.

Vielleicht könnten Sie veranlassen, dass ein Mitschüler ihm jeweils die Hausaufgaben bringt.

Für Ihre Unterstützung danken wir Ihnen.

Mit freundlichen Grüssen

Arztzeugnis

Name und Adresse

Ort, Datum

Modehaus Reuter
Bahnhofstrasse 57
8050 Zürich

Sehr geehrter Herr Reuter

Seit zwei Tagen leide ich unter einer schweren Erkältung. Da diese Erkältung von heftigen Kopfschmerzen begleitet ist, musste ich einen Arzt konsultieren. Dieser verordnete mir fünf Tage strenge Bettruhe.

Daher werde ich bis zum 05.08.19.. nicht mehr arbeiten können. Ebenfalls werde ich am Dienstag die Gewerbeschule versäumen.

Für Ihr Verständnis danke ich Ihnen.

Mit freundlichen Grüssen

Arztzeugnis

Name und Adresse

Ort, Datum

Schreinerei Meyer
z.Hd. Herr Meyer sen.
Hauptstrasse 808
7000 Chur

Sehr geehrter Herr Meyer

Am Wochenende habe ich beim Skifahren den linken Arm gebrochen. Der Arzt hat mir mitgeteilt, dass ich den Gips voraussichtlich einen Monat tragen muss.

Daher werde ich ungefähr bis zum 01.02.19.. abwesend sein. Ich werde Ihnen auf jeden Fall rechtzeitig mitteilen, wann ich wieder arbeitsfähig sein werde.

Vielen Dank für Ihr Verständnis.

Mit freundlichen Grüssen

Arztzeugnis

<u>Name und Adresse</u>

Ort, Datum

Fussballclub
Domat/Ems
Postfach
7013 Domat/Ems

<u>Versammlung vom 15.06.19..</u>

Liebe Kollegen

Leider muss ich mich für die nächste Vorstandssitzung unseres Fussballclubs vom 15.06.19.. abmelden, da ich an diesem Abend bereits eine sehr wichtige, geschäftliche Verabredung habe.

Ich bedauere sehr, dass ich nicht dabei sein kann, zumal es laut Traktandenliste sehr interessant zu werden scheint.

Mit sportlichen Grüssen

Name und Adresse

Ort, Datum

Männerchor Olten
St.Martinsweg 12
4600 Olten

Versammlung vom 07.03.19..

Liebe Kollegen

Leider kann ich bei der nächsten Probe nicht dabei sein, da meine Schwester an diesem Tag heiratet.

Ich möchte Euch bitten, mich zu entschuldigen. Ich freue mich jetzt schon auf die nächste Probe.

Mit freundlichen Grüssen

Dankesbriefe

Dankesbriefe sollten möglichst umgehend erledigt werden. Oft wird heutzutage zuerst mündlich bzw. telefonisch gedankt. Es gehört zum guten Ton, seinen Dank auch noch schriftlich auszudrücken.

Name und Adresse

Ort, Datum

Lieber Hans

Es hat mich sehr gefreut, dass Du uns zu Deinem 50.Geburtstag eingeladen hast.

Selbstverständlich werde ich gerne zu Deinem Jubeltag kommen und Deinen Geburtstag mit Dir und Deiner Familie mitfeiern.

Leider wird es meiner Frau nicht möglich sein, mich zu begleiten, da sie an diesem Tag einen unaufschiebbaren Termin beim Arzt hat. Vielleicht gelingt es ihr, später nachzukommen.

Noch einmal herzlichen Dank für die Einladung.

Mit freundlichen Grüssen

<u>Name und Adresse</u>

                                            Ort Datum

Liebe Renata, lieber Peter

Es wird meiner Frau und mir ein Freude sein, an Eurer Verlobungsfeier teilzunehmen. Herzlichen Dank für die liebe Einladung.

Ich hoffe für Euch, dass Ihr zwei so glücklich werdet, wie meine Frau und ich es geworden sind.

Auf bald!

Mit freundlichen Grüssen

Familie Gerber

<u>Name und Adresse</u>

                                          Ort, Datum

Liebe Tante, lieber Onkel

Für Eure nette Einladung zum Mittagessen am kommenden Sonntag danken wir herzlich.

Mein Mann und ich kommen sehr gerne.

Wir freuen uns, Dich und Onkel Paul wiederzusehen, und grüssen recht herzlich.

Deine Nichte Ursula

Name und Adresse

Ort, Datum

Sehr geehrte Frau Wiesner

Ihre liebenswürdige Einladung zum Neujahrsball nehmen mein Mann und ich gerne an.

Wir können uns keinen schöneren Beginn des neuen Jahres denken!

Da wir nicht mit dem eigenen Auto anreisen können, müssen wir den Stadtbus benützen. Daher werden wir uns ungefähr zwanzig Minuten verspäten und bitten hierfür um Verständnis.

Nochmals recht herzlichen Dank für die Einladung, und auf Wiedersehen am Neujahrsball.

Mit freundlichen Grüssen

Name und Adresse

Ort, Datum

Liebe Tante Frieda

Immer wieder werde ich von Deinen Aufmerksamkeiten überrascht. Die schöne Vase, welche ich von Dir zum Geburtstag geschenkt bekommen habe, hat ihren Ehrenplatz auf meinem Schreibtisch erhalten.

Seit meinem Geburtstag blühen darin einige wunderschöne rote Rosen.

Noch einmal recht herzlichen Dank!

Viele liebe Grüsse

<u>Name und Adresse</u>

Ort, Datum

Liebe Grossmutter

Es ist sehr lieb von Dir, dass Du an meinen Geburtstag gedacht hast.

Ich möchte Dir recht herzlich für Deinen freundlichen Brief und den wunderschönen Pullover mit der hübschen Brosche danken.

Du weisst, wie sehr ich von modischen Kleidern begeistert bin. Mit der Wahl dieses Pullovers hast Du wieder einmal Deinen guten Geschmack bewiesen.

Nochmals vielen Dank!

Meine Geschwister und ich grüssen Dich herzlich und hoffen auf ein baldiges Wiedersehen.

Viele liebe Grüsse

Deine Enkelin Evelyne

Name und Adresse

Ort, Datum

Lieber Onkel Gerd

Wieder einmal hast Du meinen Geschmack genau getroffen. Das wundervolle Wandgemälde hängt nun über meinem Bett im Schlafzimmer. Ich danke Dir recht herzlich dafür.

Ich hoffe, dass Du Dich gut von Deiner Krankheit erholt hast und Dich wohlfühlst.

Sofern es Dir gelegen kommt, würde ich Dich gerne einmal besuchen kommen. Ich rufe Dich demnächst einmal an.

Viele liebe Grüsse und Küsse

Name und Adresse

Ort, Datum

Schmied AG
z.Hd. Herrn Schmied
Postfach 85
6300 Zug

Sehr geehrter Herr Direktor Schmied

Mit grosser Freude habe ich heute von unserem Personalchef, Herrn Otto Stadler, von meiner Beförderung gehört.

Ich möchte es nicht versäumen, mich auch bei Ihnen dafür zu bedanken. Gleichzeitig versichere ich Ihnen, dass ich auch in Zukunft stets mein Bestes leisten werde, um allen Anforderungen gerecht zu werden.

Nochmals herzlichen Dank für Ihr Vertrauen!

Mit freundlichen Grüssen

Name und Adresse

Ort, Datum

Gehrig AG
z.Hd. Frau Strasser
Postfach 598
3705 Faulensee

Beförderung

Sehr geehrte Frau Strasser

Heute durfte ich von meiner Beförderung zum Chefmagaziner erfahren. Ich kann Ihnen versichern, dass diese Beförderung mich mit Stolz erfüllt. Ich danke Ihnen dafür.

Gleichzeitig verspreche ich Ihnen, dass ich mich weiterhin für das Ansehen der Firma einsetzen werde.

Noch einmal recht herzlichen Dank für Ihr Vertrauen.

Mit freundlichem Gruss

Name und Adresse

Ort, Datum

Bau AG
z.Hd. Herrn Raab
Sulzerstrasse 40
5000 Aarau

Beförderung zum Vorarbeiter

Sehr geehrter Herr Raab

Für Ihr Vertrauen, mich zum Vorarbeiter zu befördern, bedanke ich mich. Diese Beförderung beweist mir, dass sich mein Einsatz bei meiner Arbeit gelohnt hat.

Selbstverständlich werde ich weiterhin bestrebt sein, meine Arbeit nach bestem Gewissen zu erledigen.

Nochmals herzlichen Dank!

Mit freundlichen Grüssen

Name und Adresse

Ort, Datum

Schnell und Leicht AG
z.Hd. Frau Kabel
Postfach 483
8000 Zürich

Beförderung zum Personalchef

Sehr geehrte Frau Kabel

Mit grosser Freude durfte ich heute von meiner Beförderung zum Personalchef erfahren. Ich bedanke mich für Ihr Vertrauen, welches Sie mir schon seit langem zukommen lassen.

Ich versichere Ihnen, dass ich mich auch in Zukunft weiterhin für Ihren Betrieb einsetze. Auch werde ich bestrebt sein, alle Mitarbeiter so zu motivieren, dass diese mit Freude und Einsatz ihre Arbeiten erledigen.

Nochmals recht herzlichen Dank!

Mit freundlichen Grüssen

Beschwerdebriefe

In einem Beschwerdebrief sollte man immer kühl und sachlich bleiben, auch wenn man noch so verärgert ist. Es ist darauf hinzuweisen, dass Fehler entstanden sind. Diese Mängel an ausgeführten Arbeiten oder Lieferungen sind genau zu beschreiben. Ebenfalls kann man auf eine Ersatzlieferung oder eine kostenlose Ausbesserung einer Arbeit beharren.

Name und Adresse

Ort, Datum

Getränkelieferant SPEEDO
Au 7
8353 Elgg

Weinlieferung Nr. 485 vom 12.12.19..

Sehr geehrte Damen und Herren

Besten Dank für Ihre prompte Bedienung. Leider ist Ihnen jedoch bei dieser Lieferung ein Fehler passiert.

Am 30.11.19.. bestellte ich telefonisch 6 Kisten Rotwein **"Côte du Rhône"** à 10 Flaschen. Mit der heutigen Lieferung erhalte ich jedoch 6 Kisten **"Veltliner"** Rotwein à 6 Flaschen. Auch Ihre Rechnung ist nicht richtig ausgestellt.

Da ich am Wochenende ein Familienfest veranstalte, möchte ich Sie bitten, mir umgehend die richtige Sorte Wein zu senden. Es ist wichtig, dass der Wein bis spätestens am Nachmittag des **15.12.19..** in meinem Hause ist.

Seit vielen Jahren zähle ich zu Ihrer Stammkundschaft, und so hoffe ich, dass Sie mich nicht enttäuschen.

Die Falschlieferung werde ich nächste Woche zu Ihren Lasten retournieren.

Mit freundlichen Grüssen

Rechnung Nr. 485 vom 12.12.19..

Name und Adresse

Ort, Datum

Modeversand Häusele
Postfach 456
5000 Aarau

Lieferung vom 08.05.19... Sommerkleid Gr. 34; Farbe Rot.

Sehr geehrte Damen und Herren

Bis heute bin ich immer mit Ihrem Versandhaus zufrieden gewesen. Sie lieferten prompt und fehlerfrei.

Heute muss Ihnen jedoch ein Fehler unterlaufen sein! Vor 14 Tagen bestellte ich bei Ihnen:

1 Sommerkleid SEA Grösse 44, Farbe Blau, Best.Nr. 546.

Leider erhalte ich mit der heutigen Lieferung: 1 Sommerkleid SEA **Grösse 34 in der Farbe Rot.**

Offensichtlich muss es sich hier um einen Irrtum handeln. Es ist mir unerklärlich, wie dieser Fehler passieren konnte, denn weder die Grösse noch die Farbe stimmen mit meiner Bestellung überein. Auch die lange Lieferfrist ist auffallend.

Ich bitte Sie, mir unverzüglich das gewünschte Kleid zu senden, denn in fünf Tagen werde ich in die Ferien verreisen. Falls dieses Kleid bis zu diesem Zeitpunkt nicht geliefert wird, muss ich leider darauf verzichten.

Das falsch gelieferte Kleid sende ich mit Rechnung retour.

Mit freundlichen Grüssen

Name und Adresse

Ort, Datum

Installations AG
z.Hd. Herrn Berger
Maurerstrasse 90
3000 Bern

Reparaturarbeiten in unserem Badezimmer

Sehr geehrter Herr Berger

Wie von Ihnen versprochen, erschienen Ihre Arbeiter vor zwei Wochen in meinem Haus, um einige Reparaturarbeiten in unserem Badezimmer vorzunehmen.

Leider wurden diese Arbeiten sehr unsorgfältig ausgeführt. Nachdem ich diese Mängel festgestellt hatte, telefonierte ich mit Ihrer Sekretärin und erklärte ihr, mit welchen Arbeiten ich nicht zufrieden bin. Sie versprach mir, am darauffolgenden Tag erneut Arbeiter vorbeizuschicken.

Bis heute ist jedoch weder ein Monteur noch eine Mitteilung bei mir eingetroffen.

Ich verlange von Ihnen, dass Sie bis spätestens Ende dieser Woche diese Arbeiten erledigen. Es handelt sich dabei um die nach wie vor tropfende Dusche und einen Lavabokasten, welcher nicht richtig schliesst.

Die Rechnung, welche ich bereits erhalten habe, werde ich erst bezahlen, wenn diese Arbeiten zu meiner Zufriedenheit ausgeführt sind.

Mit freundlichen Grüssen

Name und Adresse

Ort, Datum

HIFI Gerber
Talackerstrasse 45
6043 Adligenswil

Reparaturauftrag an der Stereoanlage JVC 56

Sehr geehrte Damen und Herren

Letzten Monat erteilte ich Ihnen den Auftrag, meine Stereoanlage JVC 56 zu reparieren. Es handelte sich dabei um den defekten Tonarm des Plattenspielers.

Heute erhalte ich mein Gerät mit der Reparaturrechnung zurück. Leider musste ich beim Versuch, eine Langspielplatte abzuspielen, feststellen, dass der defekte Tonarm nach wie vor nicht funktioniert. Im Gegenteil! Er verkratzte meine Lieblings-LP derart, dass ich befürchten muss, diese nicht mehr gebrauchen zu können.

Ich verlange deshalb von Ihnen, dass die Reparatur zu Ihren Lasten nochmals ausgeführt wird.

Die Rechnung werde ich erst 30 Tage nach Erhalt des vollständig reparierten Gerätes bezahlen.

Mit freundlichen Grüssen

Name und Adresse

Ort, Datum

Herrn
August Steiner
Hausabwart
Feldackerstrasse 89
7012 Felsberg

Fahrradparkplatz

Sehr geehrter Herr Steiner

Wie ich mit Ihnen schon mündlich besprochen habe, werden bei unserem Wohnblock die Fahrräder immer wieder so plaziert, dass ein Zugang zur Waschküche praktisch unmöglich wird.

Ich habe versucht, die entsprechenden Fahrradbesitzer darauf aufmerksam zu machen. Leider blieben meine Anstrengungen ohne Erfolg. Nach wie vor werden die Fahrräder beinahe vor der Türe zur Waschküche parkiert.

Sie als Hausmeister haben eher die Kompetenz, die Mieter zu bewegen, ihre Fahrräder auf die dafür vorgesehenen Parkplätze zu stellen.

Für Ihre Bemühungen bedanke ich mich herzlich.

Mit freundlichen Grüssen

Name und Adresse

Ort, Datum

Vermiet-AG
z.Hd. Herrn Friedrich
Postfach 29
8840 Einsiedeln

Undichte Fenster

Sehr geehrter Herr Friedrich

Seit fünf Jahren wohnen wir nun in der 4-Zimmer-Wohnung am Traubenweg 15 in Einsiedeln. Meine Familie und ich fühlen uns hier sehr wohl.

Heute möchte ich jedoch mit einer Bitte an Sie herantreten. Schon seit längerer Zeit ist mir aufgefallen, dass es in unserer Wohnung zieht. Ich suchte nach der Ursache, worauf ich feststellte, dass unsere Fenster undicht sind.

Dies liegt eindeutig an den alten Fensterdichtungen, mit welchen die Fenster verdichtet sind. Ich habe versucht, diese auf eigene Kosten zu ersetzen. Ein Fachmann erklärte mir, dass hier nur das vollständige Auswechseln der veralteten Fenster Abhilfe schaffen könnte.

Aus der beiliegenden Offerte sehen Sie, wie kostengünstig es ist, moderne Fenster einbauen zu lassen, zumal man gut 1/3 des jetzigen Heizölverbrauchs einsparen kann.

Ich glaube, dass es sich ganz bestimmt lohnen würde, diese Investition zum jetzigen Zeitpunkt zu machen, welche früher oder später auf alle Fälle nötig wird.

Für eine Stellungnahme Ihrerseits danke ich Ihnen.

Mit freundlichen Grüssen

Name und Adresse

Ort, Datum

Herrn
Otto Müller
Haus St. Martin
7000 Chur

Fensterbruch an der Schrebergasse 34

Sehr geehrter Herr Müller

Leider musste ich mich vom Schaden an Ihrem Schreberhäuschen an der Schrebergasse 34 in Chur überzeugen.

Meine Kinder, Hans und Luise, haben die Tat, wie von Ihnen vermutet, zugegeben.

Ich bitte Sie, das Verhalten meiner Kinder zu entschuldigen. Die Reparaturkosten werde ich Ihnen selbstverständlich erstatten. Meine Kinder werden diesen Betrag in ihren nächsten Ferien in meiner Gärtnerei abverdienen.

Beiliegend erhalten Sie als kleines Geschenk einen Rosensteckling "Karin". Ich hoffe, Ihren verständlichen Ärger damit etwas mildern zu können.

Mit freundlichen Grüssen

Verschiedene Einladungen

Einladungen im Privatbereich können originell oder ganz einfach in Briefform gestaltet sein.

Oft werden Einladungen zu Verlobung, Hochzeit oder Konfirmation von Druckereien gedruckt. Dies geschieht vor allem, wenn man die Einladungen nicht persönlich gestalten will.

Liebe Tante Gerda, lieber Onkel Otto

"GLÜCK IST DAS EINZIGE, WAS SICH VERDOPPELT, WENN MAN ES TEILT", SAGTE ALBERT SCHWEITZER.

In diesem Sinne möchten wir uns am 12.12.19.. in Bülach verheiraten.

Zum Kirchgang und zum anschliessenden Festessen laden wir Euch ganz herzlich ein. Bitte seid pünktlich um 11.00 Uhr beim Baumann-Hotel an der Bahnhofstrasse.

Falls Ihr jedoch verhindert sein solltet, teilt uns dies bitte so schnell als möglich mit. Wir würden uns freuen, wenn Ihr dabei sein könntet.

Mit vielen lieben Grüssen

Das Brautpaar

☆☆☆☆☆☆☆☆☆☆☆☆☆☆☆☆☆☆☆☆☆☆☆☆☆☆☆☆☆☆☆☆☆

Meine Lieben

Wir möchten in den heiligen Stand der Ehe treten!
Am 20.05.19.. werden wir in der St.-Martins-Kirche in Chur um 13.00 Uhr getraut.

Uns würde es ausserordentlich freuen, wenn Ihr an unserem Jubelfest teilnehmen könntet. Teilt uns bitte telefonisch mit, ob Ihr dabei seid.

Viele liebe Grüsse

Das Brautpaar

☆☆☆☆☆☆☆☆☆☆☆☆☆☆☆☆☆☆☆☆☆☆☆☆☆☆☆☆☆☆☆☆☆

Liebe Cousine

Sicher hast Du schon vernommen, dass mein langjähriger Freund und ich heiraten wollen. Jetzt steht auch der Termin fest:

Wir heiraten am 11.11.19.. um 12.00 Uhr in der Regula Kirche in Chur.

Zum Kirchgang und zum anschliessenden Festessen bist Du herzlich eingeladen. Wir hoffen, dass Du an unserem Fest teilnehmen kannst. Bitte teile uns so schnell es geht mit, ob Du kommst. Jürg und ich würden uns sehr freuen.

Mit vielen Grüssen

☆☆☆☆☆☆☆☆☆☆☆☆☆☆☆☆☆☆☆☆☆☆☆☆☆☆☆☆☆☆☆☆☆☆☆☆☆☆

Meine Lieben

Gott Amor kam geflogen
mit spitzem Pfeil und Bogen -
auf Claudia und Beat legt' er an;
er hat, das ist ganz offen,
mitten in ihr Herz getroffen;
die beiden werden Frau und Mann.

Claudia und Beat werden am 22.10.19.. in der Martins-Kirche in Chur in den heiligen Bund der Ehe treten.

Zum gemeinsamen Kirchgang und dem anschliessenden Fest laden wir Euch ganz herzlich ein.

Teilt uns bitte mit, ob Ihr am Fest teilnehmen könnt. Wir versammeln uns an diesem Samstag um 11.00 Uhr bei der Kirche.

Viele liebe Grüsse

Die Brauteltern

☆☆☆☆☆☆☆☆☆☆☆☆☆☆☆☆☆☆☆☆☆☆☆☆☆☆☆☆☆☆☆☆☆☆☆☆☆☆

<u>Name und Adresse</u>

Ort, Datum

Liebe Tante, lieber Onkel

Wir würden uns freuen, wenn Ihr uns anlässlich der Verlobung unserer Tochter Vera mit ihrem langjährigen Freund Paul zu einem kleinen Fest am Sonntag, 05. Dezember 19.., um 20.00 Uhr besuchen würdet.

Bitte teilt uns mit, ob Ihr kommen könnt.

Viele liebe Grüsse

<u>Name und Adresse</u>

Ort, Datum

Meine Lieben

Wir möchten Euch recht herzlich für die Einladung zur Verlobung von Vera danken.

Leider sind wir vom 02.12.19.. bis 09.12.19.. in Valbella in unseren Skiferien und bedauern ausserordentlich, an dieser Feier nicht teilnehmen zu können.

Da wir schon vor mehreren Wochen für diese Zeit eine Ferienwohnung gemietet haben, können wir diese Buchung nicht mehr rückgängig machen.

Trotzdem wünschen wir Euch eine schöne Feier und hoffen, dass Vera und ihr Verlobter sehr glücklich werden.

Viele liebe Grüsse und herzliche Glückwünsche

Name und Adresse

                                            Ort, Datum

Meine Lieben

Es ist soweit:

Am 06.06.19.. möchten wir uns verloben. Zur kleinen Feier im Familienkreis möchten wir Euch ganz herzlich einladen.

Wir haben geplant, uns um 11.00 Uhr beim Bahnhof Luzern zu treffen. Nach der Bahnfahrt zu unserem Heimatort Hergiswil wollen wir bei einem gemütlichen Mittagessen unsere neue Verbindung feiern.

Bitte teilt uns so schnell als möglich mit, ob Ihr Lust habt, diesen Tag mit uns zu verbringen.

Viele liebe Grüsse

☆☆☆☆☆☆☆☆☆☆☆☆☆☆☆☆☆☆☆☆☆☆☆☆☆☆☆☆☆☆☆☆☆☆☆☆☆☆☆

Name und Adresse

                                            Ort, Datum

Meine Lieben

Wir haben beschlossen, uns am 15.05.19.. in Chur zu verloben. Ganz herzlich möchten wir Euch zu unserer Verlobungsfeier einladen.

Der Treffpunkt ist beim Fontanapark an der Talstrasse.

Bitte seid pünktlich um 10.30 Uhr dort. Nach einem kurzen Aperitif gibt's ein kleines Essen im Hotel Dubach.

Bitte teilt uns mit, ob Ihr Zeit habt, an diesem Fest teilzunehmen.

Mit vielen lieben Grüssen

Name und Adresse

Ort, Datum

Lieber Götti

Am 07.Mai 19.. werde ich in der Kirche "Zur Höhe" in Muri gefirmt.

Ich möchte Dich und Deine Familie zu meinem Fest ganz herzlich einladen.

Wir versammeln uns um 08.30 Uhr vor der Kirche. Anschliessend laden wir Euch zu einem festlichen Essen im Restaurant Felber ein.

Ich hoffe, dass wir ein schönes Fest feiern werden.

Viele liebe Grüsse

☆☆☆☆☆☆☆☆☆☆☆☆☆☆☆☆☆☆☆☆☆☆☆☆☆☆☆☆☆☆☆☆☆☆☆☆☆☆

Name und Adresse

Ort, Datum

Meine Lieben

Zu meiner Konfirmation am 23. März 19.., um 10.30 Uhr lade ich Euch recht herzlich ein.

Wir versammeln uns um 10.00 Uhr vor der Commander-Kirche in Davos. Bitte seid pünktlich, damit wir in der Kirche alle beieinander sitzen können.

Falls Ihr wider Erwarten nicht am Fest teilnehmen könnt, teilt uns dies bitte mit.

Viele liebe Grüsse

Name und Adresse

                              Ort, Datum

Liebe Tante, lieber Onkel

Am Sonntag, den 04. April, um 10.00 Uhr werde ich in der St.-Martins-Kirche in Thun konfirmiert.

Zu diesem Fest und dem anschliessenden Mittagessen möchte ich Euch recht herzlich einladen.

Bitte teilt mir mit, ob Ihr am meinem Fest teilnehmen könnt.

Viele liebe Grüsse

☆☆☆☆☆☆☆☆☆☆☆☆☆☆☆☆☆☆☆☆☆☆☆☆☆☆☆☆☆☆☆☆☆☆☆☆

Name und Adresse

                              Ort, Datum

Liebe Helga

Mit grosser Freude nehmen wir Deine freundliche Einladung zu Deiner Konfirmation an.

Wir freuen uns, bei dieser Gelegenheit auch Deine Eltern wiederzusehen.

Pünktlich werden wir am Sonntag, den 4. April, um 10.00 Uhr bei der Kirche sein.

Viele liebe Grüsse

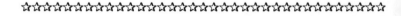

Name und Adresse

Ort, Datum

Liebe Grossmutter

Ich möchte Dich recht herzlich zu meiner kleinen Geburtstagsfeier einladen, welche am 17. September stattfinden wird.

Bitte teile mir mit, um welche Zeit Dein Zug hier eintrifft, damit Vater und ich Dich rechtzeitig abholen können.

Viele liebe Grüsse und Küsse

Dein Enkel

☆☆☆☆☆☆☆☆☆☆☆☆☆☆☆☆☆☆☆☆☆☆☆☆☆☆☆☆☆☆☆☆

Name und Adresse

Ort, Datum

Mein lieber Thomas

Deine Einladung zu Deinem Geburtstag nehme ich sehr gerne an. Ich bin sehr froh, dass Dein Vater und Du mich am Bahnhof abholen werdet, da ich für Dich ein grosses Geschenk mitbringe.

Mein Zug wird um 15.30 Uhr eintreffen.

Viele liebe Grüsse und Küsse auch an Deine Eltern!

Deine Grossmutter

☆☆☆☆☆☆☆☆☆☆☆☆☆☆☆☆☆☆☆☆☆☆☆☆☆☆☆☆☆☆☆☆

Name und Adresse

                                      Ort, Datum

Liebe Cousine

Wie Du ja weisst, werde ich dieses Jahr einen "runden" Geburtstag feiern. Genau 1000 Wochen alt werde ich.

Deshalb habe ich mit meinem Freundeskreis eine kleine Party organisiert. Ich möchte Dich dazu herzlichst einladen.

Ich bin sicher, dass Du einige meiner Freunde auch kennst. Wenn Du möchtest, kannst Du Deinen Freund Robert gerne mitbringen.

Die Party beginnt am 23. August um 20.00 Uhr bei mir zu Hause!

Ausser Deiner stets guten Laune musst Du nichts mitbringen. Ich würde mich wirklich freuen, wenn Du mir zusagen würdest. Rufe mich bitte bald an!

Viele liebe Grüsse

☆☆

Name und Adresse

                                      Ort, Datum

Lieber Herr Meier

Nächsten Monat werde ich meinen Geburtstag feiern. Da wir schon immer gute Nachbarn waren, möchte ich Sie gerne zu einer kleinen Feier einladen.

Falls Sie Lust haben, können Sie Ihre Freundin gerne mitbringen. Ausser Ihnen habe ich noch einige meiner Freunde eingeladen. Die Party beginnt am 16.10.19.., um 21.00 Uhr bei mir in meiner Wohnung.

Mit freundlichen Grüssen

Name und Adresse

Ort, Datum

Liebe Angela

Vielen Dank für Deine Ansichtskarte aus Spanien. Ich hoffe, dass Du Dich trotz des schlechten Wetters gut erholt hast und gesund und munter zurückgereist bist.

Da wir uns nun schon so lange nicht mehr gesehen haben, möchte ich Dich zu einer kleinen "Plauderei" zu mir nach Hause einladen.

Würde es Dir am kommenden Sonntag um 14.00 Uhr passen? Bitte teile mir baldmöglichst mit, ob Du kommen kannst!

Viele liebe Grüsse

☆☆☆☆☆☆☆☆☆☆☆☆☆☆☆☆☆☆☆☆☆☆☆☆☆☆☆☆☆☆☆☆☆☆

Name und Adresse

Ort, Datum

Liebe Daniela

Vielen Dank für Deine netten Zeilen!

Ich würde wirklich sehr gerne an einem Plauderstündchen bei Dir zu Hause teilnehmen.

Leider habe ich mich am letzten Ferientag so stark erkältet, dass ich noch einige Tage das Bett hüten muss.

Sobald es mir wieder besser geht, werde ich Dich anrufen, um ein baldiges Treffen zu vereinbaren.

Viele liebe Grüsse

☆☆☆☆☆☆☆☆☆☆☆☆☆☆☆☆☆☆☆☆☆☆☆☆☆☆☆☆☆☆☆☆☆☆

Name und Adresse

Ort, Datum

Meine Lieben

Mit grosser Freude zeigen wir die Geburt unserer Tochter
Karin Antonia
an. Sie ist am 23.05.19.. im Frauenspital in Thalwil geboren. (Gewicht 2500 gr / Grösse 52 cm)

Mutter und Tochter sind wohlauf.

Gleichzeitig laden wir Euch herzlich zu Karins Taufe ein. Diese wird am 15.07.19.. in der Thalwiler Kirche um 14.00 Uhr stattfinden. Anschliessend versammeln wir uns im Hotel Regula zu einem Mittagessen.

Wir würden uns freuen, wenn Ihr alle erscheinen könntet, und wir erwarten gerne Eure baldige Zusage.

Die glücklichen Eltern

☆☆☆☆☆☆☆☆☆☆☆☆☆☆☆☆☆☆☆☆☆☆☆☆☆☆☆☆☆☆☆☆☆☆☆☆☆☆

Name und Adresse

Ort, Datum

Meine Lieben

Wie Ihr ja schon wisst, sind wir vor gut einem Monat glückliche Eltern eines gesunden und munteren Knaben geworden.

Am 14.06.19.. wird er in der Maria-Kirche in Basel auf den Namen:
MICHAEL
getauft.
Zu diesem Fest laden wir Euch herzlichst ein. Wir versammeln uns um 14.00 Uhr bei der Kirche.

Viele liebe Grüsse

☆☆☆☆☆☆☆☆☆☆☆☆☆☆☆☆☆☆☆☆☆☆☆☆☆☆☆☆☆☆☆☆☆☆☆☆☆☆

Name und Adresse

Ort, Datum

Meine Lieben

Weil unsere kleine Sandra ihren Wunsch, Euch zu ihrer Taufe einzuladen, nicht selbst aussprechen kann, laden wir Euch herzlich zu diesem Fest ein.

Wir versammeln uns zum gemeinsamen Kirchgang um 10.00 Uhr bei der Magdalena-Kirche in Spiez.

Anschliessend seid Ihr herzlich zu einem gemütlichen Mittagessen eingeladen.

Bitte teilt uns rechtzeitig mit, ob Ihr an unserem Fest teilnehmen wollt.

Viele liebe Grüsse

☆☆☆☆☆☆☆☆☆☆☆☆☆☆☆☆☆☆☆☆☆☆☆☆☆☆☆☆☆☆☆☆☆

Name und Adresse

Ort, Datum

Liebe Sandra

Vielen lieben Dank für die nette Einladung zu Deiner Taufe. Onkel Walter und ich freuen uns sehr, an Deinem ersten Fest teilnehmen zu dürfen.

Wir werden pünktlich um 10.00 Uhr bei der Magdalena-Kirche in Spiez sein, und wir freuen uns schon jetzt auf dieses Fest.

Viele liebe Grüsse und Küsse

☆☆☆☆☆☆☆☆☆☆☆☆☆☆☆☆☆☆☆☆☆☆☆☆☆☆☆☆☆☆☆☆☆

Name und Adresse

Ort, Datum

Liebe Frau Keller

Wieder einmal stehen die Weihnachtsfesttage vor der Tür. Festtage, die für viele Menschen Grund zum Rückblick in die Vergangenheit sind.

Bestimmt verspüren auch Sie den Wunsch, diese besinnlichen Tage nicht alleine verbringen zu müssen.

Deshalb möchte ich Sie, liebe Frau Keller, zu einem gemeinsamen Weihnachtsessen am 25. Dezember um 20.00 Uhr bei mir einladen.

Ich hoffe auf Ihre Zusage und grüsse Sie herzlich

Ihre Nachbarin Anna Gerber

☆☆☆☆☆☆☆☆☆☆☆☆☆☆☆☆☆☆☆☆☆☆☆☆☆☆☆☆☆☆☆☆☆☆☆☆

Name und Adresse

Ort, Datum

Sehr geehrte Frau Gerber

Für Ihre Einladung zu einem Weihnachtsessen am 25. Dezember um 20.00 Uhr möchte ich Ihnen recht herzlich danken.

Ich bin wirklich dankbar, dass ich diesen Abend nicht alleine verbringen muss, denn seit mein lieber Mann gestorben ist, fühle ich mich oft einsam.

Mit freundlichen Grüssen

Ihre Nachbarin Maria Keller

☆☆☆☆☆☆☆☆☆☆☆☆☆☆☆☆☆☆☆☆☆☆☆☆☆☆☆☆☆☆☆☆☆☆☆☆

Name und Adresse

Ort, Datum

Quartierweihnachtsfest 19..

Liebe Nachbarn

Wie jedes Jahr veranstalten wir auch heuer ein Quartierweihnachtsfest.

Dazu möchten wir Sie herzlichst einladen. Da die meisten Familien ihre privaten Weihnachtsfeste um den 24./25. Dezember feiern, bitten wir Sie, am 20.12.19.. um 14.00 Uhr an die Ecke der Blochstrasse/Auwiesstrasse zu kommen.

Nach dem Treffen würden wir uns dann in die Grossgarage von Herrn Hans Dennler begeben. Herr Dennler hat uns freundlicherweise seine Garage überlassen, um unser Fest zu feiern.

Wir planen die Räumlichkeiten noch zu schmücken. Für die zahlreichen Spenden, welche unsere Unkosten decken sollten, bedanken wir uns an dieser Stelle recht herzlich.

In der Hoffnung auf friedliche und geruhsame Weinachten verbleiben wir freundlichst

Organisationskomitee

Der Präsident

Name und Adresse

Ort, Datum

Liebe Freunde

Wie jedes Jahr haben wir auch dieses Jahr unser privates Sommernachtsfest organisiert. Wir möchten Euch herzlich dazu einladen. Bei guter Witterung findet das Fest am:

26. Juni um 14.00 Uhr - ???? Uhr auf der Auswiese statt.

Mitzubringen sind: gute Laune, kleine Snacks, Getränke.

Von uns offeriert werden:	50 Servelats, 20 Bratwürste
Brot, Senf
diverse Salate

Bitte teilt uns so schnell als möglich mit, ob Ihr kommt, und wenn ja, mit wie vielen Personen.

Wir hoffen auf zahlreiches Erscheinen, damit die Party wie jedes Jahr zu einem Erfolg wird!

Viele Grüsse

Franz Haller

Anmeldecoupon:

Ich werde mit ... Personen am Sommernachtsfest teilnehmen!

Name: _____

Adresse: _____

_____

Kondolenzbriefe

Kondolenzbriefe im Privatbereich sind häufig sehr schwierig abzufassen. Man sollte vor allem auf die Beziehung achten, in welcher man zu den Trauernden steht.

Private Kondolenzbriefe sollten von Hand geschrieben werden. Dadurch wird die persönliche Anteilnahme ausgedrückt. Schreiben Sie an Verwandte oder gute Freunde so, wie Ihnen zumute ist, dann wird Ihnen auch ein überzeugender Brief gelingen, ohne in nichtssagende Höflichkeit zu verfallen.

Sehr geehrte Frau .....

Mit tiefem Mitgefühl haben wir die Mitteilung über den plötzlichen Tod Ihres Gatten erhalten. Wir sprechen Ihnen unser herzlichstes Beileid aus.

Ihr Gatte wird uns immer in guter Erinnerung bleiben.

Mit stillem Gruss

☆☆☆☆☆☆☆☆☆☆☆☆☆☆☆☆☆☆☆☆☆☆☆☆☆☆☆☆☆☆☆☆☆☆☆

Sehr geehrter Herr .....

Tieferschüttert habe ich erfahren, dass Ihre liebe Mutter nach langer Krankheit gestorben ist. Ich kann mitfühlen, welch schwerer Verlust Sie getroffen hat, und ich spreche Ihnen mein aufrichtiges Beileid aus.

Ich werde Ihre Mutter stets in guter Erinnerung behalten.

Mit stillem Gruss

☆☆☆☆☆☆☆☆☆☆☆☆☆☆☆☆☆☆☆☆☆☆☆☆☆☆☆☆☆☆☆☆☆☆☆

Meine liebe .....

Mir fehlen die richtigen Worte, Dir zu sagen, wie sehr mich der plötzliche Tod Deines Vaters erschüttert hat.
Ich kann Dir nachfühlen, von welchem schweren Verlust Eure Familie getroffen ist. Vergiss bitte nicht, dass ich Dir mit Rat, Trost und Hilfe gerne zur Seite stehe.

Mit stillem Gruss

☆☆☆☆☆☆☆☆☆☆☆☆☆☆☆☆☆☆☆☆☆☆☆☆☆☆☆☆☆☆☆☆☆☆☆

Lieber .....

Von meinen Eltern habe ich vom tragischen Unfall erfahren, den Deine liebe Frau hatte. Die Nachricht von ihrem Tod hat mich tief getroffen. Ich kann Dir nachfühlen, welch schwerer Verlust Dich getroffen hat, und ich werde Deine Frau niemals vergessen.

Mit stillem Gruss

Danksagungen

Häufig treffen anlässlich eines Todesfalles so viele Kondolenzbriefe ein, dass nicht alle persönlich beantwortet werden können. Deshalb werden heute oft Danksagungen gedruckt. Nachfolgend einige kurze Vorschläge:

Für die herzlichen Trostworte anlässlich des Heimganges meiner Mutter danke ich Ihnen aufrichtig. Die Blumen, welche Sie mir überbrachten, legte ich an der letzten Ruhestätte meiner lieben Mutter nieder.

Für Ihre Aufmerksamkeit spreche ich Ihnen meinen Dank aus.

Mit besten Grüssen

☆☆☆☆☆☆☆☆☆☆☆☆☆☆☆☆☆☆☆☆☆☆☆☆☆☆☆☆☆☆

Für die vielen Beileidsbezeugungen beim Tode meiner unvergesslichen Frau und die zahlreichen Blumenspenden spreche ich meinen aufrichtigen Dank aus.

Mit besten Grüssen

☆☆☆☆☆☆☆☆☆☆☆☆☆☆☆☆☆☆☆☆☆☆☆☆☆☆☆☆☆☆

Für die herzlichen Trostworte, welche Sie anlässlich des Hinschiedes meines lieben Bruders fanden, spreche ich Ihnen meinen Dank aus.

☆☆☆☆☆☆☆☆☆☆☆☆☆☆☆☆☆☆☆☆☆☆☆☆☆☆☆☆☆☆

Für Ihre gütige Anteilnahme und Ihre grosszügige Hilfsbereitschaft danke ich Ihnen aufrichtig.

Mit besten Grüssen

☆☆☆☆☆☆☆☆☆☆☆☆☆☆☆☆☆☆☆☆☆☆☆☆☆☆☆☆☆☆

Liebesbriefe

Die Gestaltungsmöglichkeiten der Liebesbriefe ist so gross, und die Beziehungen zwischen zwei Menschen sind so grundverschieden, dass wir hier nur im Speziellen auf das Gebiet der Heiratsanzeigen eingegangen sind. Deshalb ist es auch unmöglich, einen allgemein gültigen Normbrief abzufassen.

Name und Adresse

Ort, Datum

Liebe Katrin

Heute las ich Dein Inserat in der .... Ich fühlte mich angesprochen, darum nehme ich allen Mut zusammen und schreibe Dir ein paar Zeilen.

Ich heisse Hans Meisser (37 Jahre) und bin als Landwirt tätig. Seit dem Tod meines Vaters führe ich unseren Hof. Ich habe Freude, in der freien Natur zu arbeiten. An den langen Abenden wünsche ich mir eine liebe Frau, mit der ich gemütlich in der Stube sitzen kann, um die Zweisamkeit zu geniessen.

Auf meinem Hof gibt es vor allem viel Vieh und einige Kornfelder, welche ich zu bewirtschaften habe. Für die schwere Arbeit habe ich jedoch einen Knecht eingestellt.

Da ich den Hof meines Vaters früh übernehmen musste, hatte ich kaum Gelegenheit, mich an Tanzanlässe und Feste zu begeben. Heute habe ich jedoch die Arbeit soweit im Griff, dass ich über mehr Freizeit verfüge als je zuvor. Ich glaube deshalb, dass ich Dir genügend Zeit widmen könnte.

Falls Du Dich von meinem Brief angesprochen fühlst, bitte antworte mir. Ich wäre sehr glücklich darüber.

Viele liebe Grüsse

Name und Adresse

Ort, Datum

Lieber Patrik

Spontan entschieden wir uns heute, auf Dein Inserat zu antworten. Wir, das sind mein kleiner Sohn Manuel (5 Jahre) und ich (27 Jahre). Mein Sohn wünscht sich seit langer Zeit einen lieben Papi, und ich hoffe, bald wieder in den Armen eines zärtlichen Mannes glücklich zu werden.

Als ich in Erwartung von Manuel war, entschied sich mein damaliger Freund, dass er zu jung sei, sich endgültig zu binden. Nach der Trennung machte ich eine schwere Zeit durch. Als ich dann aber meinen kleinen Sohn in den Armen hielt, war die Welt wieder halbwegs in Ordnung. Seither leben Manuel und ich in einer kleinen 3-Zimmer-Wohnung in ....

In unserer Freizeit unternehmen Manuel und ich oft kleine Reisen in die Umgebung; so kann mein Sohn mit mir die Welt kennenlernen.

Seit der Trennung von meinem Freund glaubte ich oft, dass das Leben für mich vorbei sei. Heute bin ich wieder mutiger. Vor allem würde ich mich freuen, wenn Deine Söhne und mein Manuel gute Freunde werden könnten. Vielleicht ist es am besten, wenn wir ein Treffen vereinbaren, um uns gegenseitig kennenzulernen?
Ich lege Dir eine Fotografie von Manuel und mir bei. Auf einen Anruf oder einen Brief von Dir freue ich mich sehr!

Mit vielen Grüssen

Name und Adresse

Ort, Datum

Lieber Reto

Ich war noch nie so spontan von einem Inserat angesprochen wie durch das Deine. Ich habe häufig diese "Herzenswünsche-Inserate" durchgelesen, weil ich mich einsam fühle.

Deshalb möchte ich mich Dir etwas näher vorstellen, damit auch Du eine Ahnung von mir bekommst.

Ich bin, wie Du, 23 Jahre alt und sehr naturverbunden. Ich liebe es, manchmal stundenlang durch den Wald zu spazieren und meinen Gedanken freien Lauf zu lassen. Bisher habe ich jedoch nur eine Begleitung vermisst, mit welcher ich sprechen und lustig sein könnte. Es ist mir wichtig, dass ich mich auf meinen Partner verlassen kann, um ihm mein Vertrauen zu schenken.

Ausser dem Wandern bin ich sehr sportlich eingestellt. Skifahren, Tennis spielen und vieles mehr, bereitet mir grossen Spass. Aber auch einmal etwas basteln gehört in mein Leben.

Übrigens arbeite ich als kaufmännische Angestellte in ...... Keine Arbeit ist für mich zuviel, denn mein Beruf wurde mir mittlerweilen zum Hobby.

Vielleicht interessiert es Dich auch, wie ich aussehe? Ich bin 165 cm gross und habe schulterlange braune Haare. Dadurch, dass ich mich oft im Freien aufhalte, ist mein Teint leicht gebräunt. Meine Augenfarbe ist ebenfalls braun. Ich kleide mich gerne modisch, mache jedoch nicht jeden Modegag mit.

Ich hoffe, dass ich Dich etwas neugierig machen konnte! Hast Du Lust, mich näher kennenzulernen? Ich würde mich sehr freuen.

Mit vielen Grüssen

Name und Adresse

Ort, Datum

Liebe Michaela

Du hast mich mit Deinem Inserat sehr neugierig gemacht. Als erstes möchte ich mich Dir etwas genauer vorstellen:

Mein Name ist Thomas Huber, und ich bin 32 Jahre alt. Von Beruf bin ich Bäcker/Konditor. Seit meiner Lehrzeit arbeite ich in .... Ich habe grosses Interesse an Sport, vor allem Eishockey, das ich selber aktiv betreibe. Dieses Hobby sollte jedoch einer eventuellen Beziehung nicht im Wege stehen.

Ich mag es, in einem gemütlichen Restaurant zu sitzen und zu diskutieren. Ab und zu gehe ich auch gerne tanzen. Es spielt dabei keine Rolle, ob es sich um volkstümliche oder moderne Musik handelt.

In einer festen Beziehung wären für mich die Ehrlichkeit und das Vertrauen das Wichtigste. Ich habe in dieser Beziehung leider schon einmal eine enttäuschende Erfahrung machen müssen. Deshalb habe ich mich in letzter Zeit etwas zurückgezogen.

Heute habe ich jedoch gemerkt, dass das Glück nicht von alleine auf mich zukommt. Ich muss den ersten Schritt machen.

Darum möchte ich Dich kennenlernen. Ich hoffe, dass es Dir ähnlich ergeht, und darum bitte ich Dich, mir zu telefonieren, oder mir einen Brief zu schreiben. Es würde mich sehr glücklich machen.

Mit freundlichen Grüssen

Der neuzeitliche Geschäftsbrief

Allgemeine Regeln:

Regeln für das Maschinenschreiben	119
Die Bestandteile des Briefes	121

Briefkopf / Absenderangaben
Anschrift des Empfängers
Datum
Betreff- und Stichwortzeile
Anrede
Brieftext
Schluss und Grussformel
Unterschrift
Beilagevermerk

INHALTSANGABE

-Bestellbriefe	123-127
-Widerruf einer Bestellung	128-131
-Auftragsbestätigung	132-135
-Lieferungshindernisse	136-138
-Lieferungsmahnung	139-141
-Preisanfragen und Offerten	142-144
-Reklamationen und Mängelrügen	145-149
-Fristansetzung bei Lieferverzug	150-153
-Geschäftliche Rundschreiben	154
-Geschäftsübernahme	155-156
-Geschäftseröffnung	157
-Verlegung der Geschäftsräumlichkeiten	158-159
-Beförderungen	160
-Rechnungswesen	161-163
-Mahnwesen	164
-1. Mahnung	165-168
-2. Mahnung	169-172
-3. Mahnung	173-175

- Antworten auf Mahnbriefe — 176-180
- Anfrage auf Teilzahlung — 181-185
- Stundungsgesuch — 186-188
- Zeugnisse — 189-192
- Geschäftliche Trauerbriefe / Kondolenzbriefe — 193-194
- Einladungen zu Firmenjubiläen — 195
- Jahresversammlungen — 196
- Neueröffnung — 197
- Diverses — 198
- Geschäftliche Glückwünsche — 199-214
- Rechtschreibung — 216
- Gross- und Kleinschreibung — 216
- Kommaregeln — 217-218
- Zwei Worte oder nur eines? — 218

Randstellung 12
 6 x 1 ner Schaltung
Frau
Petra Conzett
Mühleweg   Randsteller 48
7000 Chur   Chur, 04.05.1990

5 x 1 ner Schaltung
Herrn
Gieri Caduff
Hauptstrasse 12
7013 Domat/Ems

4 x 1 ner Schaltung
<u>Grossküche Jumbo</u>

 3 x 1 ner Schaltung
Sehr geehrter Herr Caduff
 2 x 1 ner Schaltung
Brieftext

Abschnitte im Text: 2 x 1 ner Schaltung

Abschlusssatz
 2 x 1 ner Schaltung
Mit freundlichen Grüssen
 2 x 1 ner Schaltung
Petra Conzett

Die Bestandteile des Briefes

Unvollständig oder falsch adressierte Briefe gehen immer einen sehr weiten Weg. Es ist darauf zu achten, dass in jeder Adresse die sachbearbeitende Abteilung oder, wenn möglich, eine Bezugsperson genannt werden kann. Ausserdem ist auch auf die Rechtschreibung der Namen und Vornamen strikte zu achten. Ebenfalls von grösster Wichtigkeit ist die korrekte Postleitzahl.

Bei der Darstellung des Datums wird heute auf dem einfachsten Wege verfahren: "Zürich, 05.06.19..".

Sehr wichtig in der Korrespondenz ist der Betreffvermerk. Er sollte den Briefinhalt in Stichwortform wiedergeben, um das speditive und rationale Ablegen des Briefes zu ermöglichen. Die Worte "Betrifft" und "Betreff" werden heute nicht mehr vermerkt.

Die Anrede: "Sehr geehrter Herr Meier" wird mit Vorteil dort benützt, wo man sich mit einem bestimmten Begehren an eine bestimmte Person wendet. Ausserdem verleiht man dem Schreiben mit dieser Anrede eine persönliche Note. Im dienstlichen Schriftverkehr mit Militärpersonen muss die persönliche Note vermieden werden. Am besten wendet man sich direkt an das "Kommando" der betreffenden Einheit.

Hinter der Anrede "Sehr geehrte Damen und Herren" oder "Sehr geehrter Herr Müller" setzt man in der heutigen Korrespondenz keinerlei Interpunktion mehr. Der nächstfolgende Satz wird mit einem Grossbuchstaben begonnen. Die Briefeinleitung ist ebenso wichtig wie der Hauptteil des Briefes. Sie soll das Interesse des Empfängers wecken. Der Hauptteil des Geschäftsbriefes - stets von der Einleitung mit einem Absatz getrennt - sei vor allem logisch aufgebaut. Bei der zweckmässigen Kürze in der Ausdruckform enthalte er jedoch jegliche Mitteilungen klar und verständlich, ebenso sollte sie sprachlich einwandfrei sein.

In der Schlussformel des Briefes sollte man mit der letzten Höflichkeitsbezeugung nicht übertreiben. Ein einfaches "Mit freundlichen Grüssen" oder "Mit freundlichem Gruss" tut seinen Ansprüchen genüge. "Mit vorzüglicher Hochachtung" oder "Hochachtungsvoll" ist heute nicht mehr üblich.

Es ist empfehlenswert zu vermerken, wenn eine Beilage (z.B. Zeugniskopien usw.) dem Brief beigelegt worden ist. Dies ist für den Absender wie auch für den Empfänger als Beweismaterial von grosser Wichtigkeit.

Der Bestellbrief

Der Vorteil einer **schriftlichen** Bestellung ist, dass sämtliche Angaben über Art, Preis und Menge übersichtlich festgehalten sind.

Missverständnisse können so grösstenteils vermieden werden. Daher sollte eine Bestellung übersichtlich, unmissverständlich und vollständig sein. Menge, Preis, Beschaffenheit sowie Lieferungs- und Zahlungsbedingungen müssen im voraus festgesetzt werden. Wurde der Bestellung eine Offerte vorausgestellt, so ist diese in der Einleitung der Bestellung zu erwähnen, um auf den ausgehandelten Lieferungsbedingungen bestehen zu können. Ein klares und bestimmtes Bestellschreiben wird zum voraus Verwechslungen, Lieferungsverzögerungen oder gar Falschlieferungen vermeiden.

Briefkopf

Ort, Datum

Büromöbelfabrik
Ardüser & Co.
Masanserstrasse 12
7000 Chur

Bestellung

Sehr geehrte Damen und Herren

Gemäss Ihrem Inserat in der "Bündner Zeitung" vom 03.04.19.. offerieren Sie in einem Spezialangebot verschiedene Bürostühle. Nachdem wir uns heute bei Ihnen telefonisch über diese Stühle informiert haben, möchten wir folgende Ausführung bestellen:

Bürostuhl Rolba
mit drehbarem Sitz
in der Höhe verstellbar
Preis: Fr. 175.--

Wir bitten um Lieferung von 5 Stück dieses Modells.

Wie man uns am Telefon zugesagt hat, gewähren Sie bei Abnahme von 5 Stühlen einen Rabatt von 10 %.

Lieferung:	franko Haus
Lieferfrist:	bis Ende dieses Monats
Zahlungsfrist:	30 Tage mit 2 % Skonto.

Für die fachgerechte Ausführung unseres Auftrages danken wir im voraus bestens.

Mit freundlichen Grüssen

Briefkopf

Ort, Datum

Versandhaus
Diana AG
Schlossweg 8
6300 Zug

Bestellung

Sehr geehrte Damen und Herren

Ich danke Ihnen bestens für die Zustellung Ihres Versandkataloges, aus welchem ich folgende Artikel bei Ihnen bestellen möchte:

Art.-Nr.:	Artikelbezeichnung:	Anzahl:	Einzelpreis:
1188	Kassabuch	3	Fr. 12.80
1193	Versandtaschen	300	Fr --.18
1298	Telefonblock	100	Fr. --.25
1310	Klarsichtmappen	50	Fr. --.10

Ich ersuche Sie um Lieferung innert 10 Tagen mit Rechnung, zahlbar innert 30 Tagen rein netto.

Für eine prompte Ausführung meiner Bestellung danke ich Ihnen bestens.

Mit freundlichen Grüssen

<u>Briefkopf</u>

Ort, Datum

Calanda AG
Schreibmaschinen
z.Hd. Herrn Augustin
Rheinstrasse 8
7000 Chur

<u>Offerte vom 25.04.1990</u>

Sehr geehrter Herr Augustin

Für Ihre Offerte danken wir und bestellen:

1 Schreibmaschine
TOP-TRONIC 40

Preis:	Fr. 940.--
Zahlungsbedingungen:	innert 30 Tagen mit 2 % Skonto
Lieferfrist:	innerhalb 14 Tagen
Lieferung:	frei Haus

Wir bitten Sie, diese Schreibmaschine an unsere Adresse zu liefern.

Mit freundlichem Gruss

Briefkopf

Ort, Datum

Grand-Garage
Meissner AG
z.Hd. Herrn Brunner
9000 St.Gallen

Mercedes 300 SE

Sehr geehrter Herr Brunner

Nach einigen Probefahrten mit verschiedenen Modellen habe ich mich nun für ein neues Auto entschieden. Dabei war nicht zuletzt auch die unaufdringliche Beratung Ihres Autoverkäufers Herrn Mathis mitentscheidend.

Ich bestelle deshalb nachfolgendes Auto:
Mercedes 300 SE
olivfarbig
Katalogpreis:	Fr. 69 000.--
Rücknahme meines alten Autos:	Fr. 9 500.--
Nettopreis:	Fr. 59 900.--
Zahlungsbedingungen:	innert 8 Tagen mit 2 % Skonto
Lieferung:	ich bitte um Mitteilung, auf welchen Zeipunkt das Auto abholbereit ist.

Selbstverständlich erwarte ich, dass Sie für mich das Umschreiben der Versicherung und das Wechseln der Kennzeichen erledigen.

Mit freundlichen Grüssen

Der Widerruf einer Bestellung

Einen erteilten Auftrag kann man nicht ohne weiteres zurückziehen. Hierzu ist ein Aufhebungsgrund erforderlich. Meistens wird eine Firma einem solchen Gesuch entsprechen, sofern der Kunde einen stichhaltigen Grund zur Annullierung hat. Der Auftraggeber sollte seine Annullierungsgründe nicht nur sachlich, sondern auch höflich darstellen und um Verständnis bitten. Am Schluss des Briefes muss man sich formell entschuldigen. Am ehesten Erfolg auf Annullierung hat man, wenn eine spätere Ersatzbestellung in Aussicht gestellt werden kann.

Briefkopf

Ort, Datum

Möbelring
Helvetia
Baslerstr. 80
8050 Zürich

Widerruf meiner Bestellung vom 17.10.19..

Sehr geehrte Damen und Herren

Infolge Todesfall in der Familie eines Kunden muss ich Sie um Annullierung meiner Bestellung vom 18.10.19.., lautend auf

                1 Wohnzimmereinrichtung
                     Modell Arosa

bitten.

Da ich aus Geschäftsprinzip in solchen Fällen meine Kunden nicht zur Abnahme des Bestellten verpflichten möchte, spreche ich Ihnen für Ihr Entgegenkommen meinen Dank aus. Zur Übernahme allfälliger Spesen bin ich natürlich bereit und erwarte Ihren Bericht mit Interesse.

Mit freundlichen Grüssen

Briefkopf

Ort, Datum

Pamir AG
Briefumschläge
Dornacherstrasse 12
4000 Basel

Widerruf unserer Bestellung vom 29.09.19..

Sehr geehrte Damen und Herren

Trotz mehrmaligen telefonischen und schriftlichen Reklamationen sind die am 29.09.19.. bestellten

                25 000 Briefumschläge
                     Format C 5

bis heute noch nicht bei uns eingetroffen. Gemäss Aussage Ihres Mitarbeiters, Herrn Frey, konnte infolge einer Panne an der Maschine mit der Produktion nicht begonnen werden.

Da wir diese Briefumschläge dringend benötigen, sehen wir uns gezwungen, oben erwähnten Auftrag zu annullieren.

Selbstverständlich bedauern wir diese Annullierung sehr, doch werden Sie sicher verstehen, dass wir unter diesen Umständen unsern Auftrag anderweitig vergeben müssen.

Mit freundlichen Grüssen

Briefkopf

Ort, Datum

Einschreiben
Electronic AG
Gotthardstr. 15
9000 St. Gallen

Widerruf unserer Bestellung vom 14.11.19..

Sehr geehrte Damen und Herren

Mit unserem Schreiben vom 14.11.19.. bestellten wir bei Ihnen einen Computer ABC Modell 123. Soeben lesen wir in einem Fachblatt, dass innerhalb des nächsten halben Jahres das Computermodell ABC 125 lieferbar sein wird.

Wir sind natürlich sehr enttäuscht, dass Sie uns auf dieses neue Modell - welches bedeutend leistungsfähiger ist - nicht aufmerksam gemacht haben.

Leider sehen wir uns unter diesen Umständen gezwungen, unseren Auftrag für das Modell 123 zu annullieren. Wollen Sie uns bitte für das Modell 125 ausführliches Prospektmaterial zukommen lassen?

Gleichzeitig bitten wir um schriftliche Bestätigung unserer Annullierung.

Mit freundlichen Grüssen

Die Auftragsbestätigung

In der Auftragsbestätigung verdankt man als erstes die eingegangene Bestellung. Von grosser Wichtigkeit ist die Auftragsbestätigung, wenn in der Ausführung der Lieferung (nach vorangegangener Offerte) Änderungen auftreten. Oft werden Auftragsbestätigungen versandt, wenn es sich bei der Bestellung um einen Grossauftrag mit vielen Einzelheiten handelt. Auftragsbestätigungen können auch gemeinsam mit der Rechnung versandt werden. Titel des betreffenden Formulars lautet dann "Auftragsbestätigung und Rechnung".

Briefkopf

Ort, Datum

Metallfabrik
Georg Schindler
z.Hd. Herrn Schindler
Seefeldstrasse 10
8050 Zürich

Auftragsbestätigung

Sehr geehrter Herr Schindler

Wir danken für Ihre Bestellung für einen

              Geschirrschrank ADORA
                      3teilig

Leider ist es uns nicht möglich, oben erwähntes Modell auf Ende dieses Monats zu liefern.

Da unser Lieferant zur Zeit mit der Einhaltung der versprochenen Lieferfrist Mühe hat, können wir Ihnen die Lieferung dieses Geschirrschrankes erst auf Mitte des kommenden Monats garantieren. Selbstverständlich werden wir uns vorher telefonisch mit Ihnen in Verbindung setzen.

Wir bedauern, dass wir Ihre gewünschte Lieferfrist nicht einhalten können, und bitten um Verständnis.

Mit freundlichem Gruss

Briefkopf

Ort, Datum

Herrn
Walter Stoffel
Poststr. 2
9400 Rorschach

Auftragsbestätigung

Sehr geehrter Herr Stoffel

Wir danken Ihnen bestens für den uns erteilten Auftrag für den Personenwagen

Mercedes 300 SE
olivfarbig

Leider ist es uns heute noch nicht möglich, Ihnen den genauen Zeitpunkt des Liefertermins mitzuteilen. Selbstverständlich werden wir Ihnen 2 - 3 Tage vorher mitteilen, an welchem Tag das Auto abgeholt werden kann.

Das Umschreiben der Versicherung und das Anbringen der Autokennzeichen werden wir gerne für Sie erledigen.

Wir wünschen Ihnen gute Fahrt und viele unfallfreie Kilometer.

Mit freundlichen Grüssen

Briefkopf

Ort, Datum

Herrn
Roland Züger
Rheinstr. 28
9470 Buchs

Auftragsbestätigung

Sehr geehrter Herr Züger

Für Ihren Auftrag vom 15.10.19.. danken wir Ihnen bestens und haben für Sie

                5 Bürostühle "Rolba"
                je Fr. 175.—

vorgemerkt.

Leider wird sich aber eine Verzögerung in der Lieferfrist ergeben. Da wir auf unser Inserat einen grossen Erfolg verzeichnen können, dürfte sich die Lieferfrist um 3 - 4 Tage verzögern. Wir werden Sie aber rechtzeitig informieren, auf welchen Termin Sie die bestellten Bürostühle erwarten dürfen.

Wir danken nochmals für Ihren Auftrag.

Mit freundlichen Grüssen

Lieferungshindernisse

In der Praxis kommt es immer wieder vor, dass gesetzte Liefertermine nicht eingehalten werden können. In diesem Fall sollte der Lieferant dem Kunden möglichst umgehend die Gründe der Verspätung sachlich und wahrheitsgetreu erklären und ebenfalls den baldmöglichsten Liefertermin bekanntgeben. Dass der Lieferant sich entschuldigen sollte, muss hier nicht besonders erwähnt werden.

Briefkopf

Ort, Datum

Herrn
Rudolf Walser
Austrasse 8
8570 Weinfelden

Lieferungshindernis

Sehr geehrter Herr Walser

Wir danken Ihnen für Ihre Bestellung für:

1000 Kg Mirador-Orangen.

Leider müssen wir Ihnen mitteilen, dass sich die von Ihnen erwartete Lieferfrist infolge Zollstreiks zwischen Spanien und Frankreich um einige Tage verzögern wird. Da wir diesem Streik völlig machtlos gegenüberstehen, können wir die Lieferverzögerung nur bedauern.

Wir versichern Ihnen, dass wir die bestellten Orangen sofort nach Erhalt an Sie weiterleiten werden.

Falls Ihnen mit einer Reduzierung der Menge gedient ist, sind wir dazu natürlich bereit.

Für eine Antwort Ihrerseits im voraus besten Dank!

Nochmals möchten wir uns für die Verzögerung entschuldigen, hoffen aber trotzdem, Sie auch in Zukunft zu unseren treuen Kunden zählen zu dürfen.

Mit freundlichen Grüssen

Briefkopf

Ort, Datum

Herrn
Urs Zimmermann
Rheinstrasse 14
8200 Schaffhausen

Rasenmäher TORRO

Sehr geehrter Herr Zimmermann

Endlich können wir Ihnen mitteilen, dass der von Ihnen bestellte Rasenmäher "Torro" heute an Ihre Adresse geliefert wurde.

Wir bedauern die Überschreitung der Lieferfrist sehr. Diese Verzögerung ist dem Umstand zuzuschreiben, dass die Lieferung aus Amerika infolge einer Überlastung der Zollorgane volle 14 Tage verspätet bei uns eingetroffen ist.

Wir bitten Sie, diese Verzögerung zu entschuldigen. Beigefügt erhalten Sie einen Gutschein für 10 Liter Benzin, welchen Sie an jeder Tankstelle einlösen können. Wir hoffen, Sie damit für Ihre Unannehmlichkeiten ein wenig entschädigt zu haben.

Mit freundlichem Gruss

Gutschein

Lieferungsmahnung

Oft kommt es vor, dass der Lieferant allfällige Lieferungshindernisse dem Kunden nicht mitteilt. Unter diesen Umständen ist es Aufgabe des Kunden, den Lieferanten auf die unerwartete Lieferverzögerung hinzuweisen. In seinem Brief muss er sich auf das Bestelldatum oder die in der Auftragsbestätigung genannte Lieferfrist beziehen. Er sollte ausserdem auf die für ihn entstandenen Nachteile infolge der Verzögerung hinweisen und allfällige Rabatte oder Nachlasse fordern.

Briefkopf

Ort, Datum

Baumaterialien
Fasser & Co
7230 Sargans

Lieferungsmahnung

Sehr geehrte Damen und Herren

Trotz meinen wiederholten Mahnungen und Ihrem Versprechen, dass die bestellten Betonplatten bis spätestens am 12.06.19.. geliefert werden, sind diese bis heute noch nicht bei uns eingetroffen.

Nun können wir die Bauarbeiten nicht fortsetzen. Durch diese Lieferverzögerung ergeben sich Unkosten, die zu vermeiden gewesen wären. Auch die Bauherrschaft und Bauleitung sind natürlich über diese Verzögerung sehr enttäuscht, weil dadurch auch die übrigen Arbeiten in Rückstand geraten.

Ich hoffe nun, dass Sie alles daran setzen werden, die Betonplatten innerhalb von drei Tagen zu liefern. Die Lage ist für mich unangenehm, denn ich hatte dem Bauherrn, im Vertrauen auf Ihre termingerechte Lieferung, eine rechtzeitige Fertigstellung der Arbeit zugesichert.

Die mir entstandenen Spesen muss ich Ihnen in Rechnung stellen.

Mit freundlichen Grüssen

Briefkopf

Ort, Datum

Herrn
Mark Imhof
Velofabrik
5430 Wettingen

Lieferungsmahnung

Sehr geehrter Herr Imhof

Gemäss Ihrem verbindlichen Angebot bestellten wir am 18.01.19..

        30 Kindervelos
        Marke Gotthard.

Diese Lieferung haben Sie uns auf spätestens 10.02.19.. zugesagt.

Da Ihre Lieferung nach 6 Wochen noch immer nicht bei uns eingetroffen ist, und wir die Velos dringend für das Ostergeschäft benötigen, setzen wir Ihnen eine letzte Frist bis zum 05.03.19...

Sollten die Velos bis dahin nicht eintreffen, müssen wir unseren Bedarf anderweitig decken und Schadenersatzansprüche an Sie geltend machen.

Mit freundlichen Grüssen

Preisanfragen und Offerten

Wenn man eine Offerte einholen muss, ist es immer ratsam, eine möglichst genaue Auskunft zu verlangen. Informationen über Beschaffenheit, Grösse, Farbe, Form und Artikelnummer sind von grösster Wichtigkeit. Ebenfalls können bereits bei Offerten Angaben über Lieferzeit, allfällige Rabatte, wie z.B. Mengenrabatt oder Skonto, Transportart und Zahlungsfristen, erfragt werden. Es ist darauf zu achten, dass keine wichtige Frage vergessen wird. Andernfalls ist eine zeitraubende Rückfrage des Lieferanten nötig.

Briefkopf

Ort, Datum

Herrn
Lorenz Cavelti
Gartenmöbel
4614 Hägendorf

Offertenanfrage für Gartenmöbel

Sehr geehrter Herr Cavelti

Ich interessiere mich für verschiedene Gartenmöbel. Bitte senden Sie mir für die Gartenmöbelserie "Sweda" eine Offerte zu. Beinhalten sollte diese Offerte:

    1 Tisch (viereckig ca 150 x 200 cm)
    1 Bank mit Lehne
    4 Sessel mit Armlehnen

Gleichzeitig möchte ich Sie bitten, mir einen Katalog mit Ihrem allgemeinen Möbelprogramm beizulegen.

Mit freundlichen Grüssen

Briefkopf

Ort, Datum

Grossmann AG
Sanitäre Apparate
Hofackerstr. 20
6300 Zug

Offertenanfrage für sanitäre Apparate

Sehr geehrte Damen und Herren

Für eine Neubausiedlung habe ich für die sanitärischen Einrichtungen einen Kostenvoranschlag einzureichen. Ich bitte Sie, mir Ihre Konditionen für folgende Einrichtungen mitzuteilen:

        10 Boiler (je 100 Liter)
        20 Mega-Badewannen
         3 Mega-Lavabos
        40 WC-Schüsseln Marke Corso

Legen Sie mir bitte die genauen Abbildungen und Skizzen über die Ausmasse bei. Zudem interessieren mich natürlich Ihre Liefer- und Zahlungsbedingungen.

Da der Eingabetermin Mitte dieses Monats abläuft, bitte ich Sie, mir Ihr Angebot so schnell wie möglich zuzustellen.

Mit freundlichen Grüssen

Reklamationen und Mängelrügen

Sofort nach Erhalt der bestellten Ware sollte ein Käufer die Ware auf Mängel hin überprüfen. Stellt er Qualitätsmängel oder Beschädigungen fest, hat er dies dem Lieferanten umgehend mitzuteilen. Da dieser "Mängelrügenbrief" zum Beweismittel wird, bleibe man stets kühl und sachlich. Abgesehen von der Beschreibung des Fehlers sollte man immer angeben, welche Entschädigungen man erwartet (Preisnachlass, Ersatzware oder Ersatzlieferung, Schadenersatz).

Briefkopf

Ort, Datum

Herrn
Robert Ehrsam
Obstbau
9443 Widnau

Reklamation wegen schlechter Verpackung

Sehr geehrter Herr Ehrsam

Soeben sind die 100 Kg Glockenäpfel durch das Transportunternehmen Graf AG bei mir abgeliefert worden. Die von mir durchgeführte Prüfung hat ergeben, dass die Äpfel zum grössten Teil beschädigt sind. Dieser Mangel ist offensichtlich auf unfachmännische Behandlung und Verpackung zurückzuführen.

Zu meinem Bedauern kann ich diese Äpfel nicht annehmen, ausser Sie würden mir eine Preisreduktion von Fr. 100.– pro 100 Kilo anbieten, denn die Äpfel sind leider nur noch als 2. Qualität zu verkaufen.

Ich bitte um sofortigen telefonischen Bescheid.

Mit freundlichem Gruss

Briefkopf

Ort, Datum

Käsefabrik
Obrist AG
z.Hd. Herrn Obrist
3600 Thun

Reklamation wegen Lieferung von zu grosser Quantität

Sehr geehrter Herr Obrist

Bei der Kontrolle Ihrer Sendung von **Schachtelkäse** stelle ich fest, dass Sie mir das Doppelte der bestellten Menge, nämlich 500 statt 250 Schachteln, geliefert haben. Nachdem in unserem Sommerkurort die Saison für den Verkauf von Touristenproviant in Kürze zu Ende geht, muss ich Ihnen die Hälfte retournieren.

Ich bitte Sie, die zuviel gelieferten Schachteln Käse baldmöglichst bei mir wieder abzuholen. Die mir zugestellte Rechung erhalten Sie mit der Bitte, diese abzuändern, beigefügt retour.

Mit freundlichen Grüssen

Briefkopf

Ort, Datum

Papeterie Meuli
Eíeugasse 89
6000 Luzern

Ihr Zeichen	unser Zeichen	Datum	Abteilung
sl/ml	kw	12.11.19..	BU

Ihre Lieferung Nr. 4958 vom 01.11.19..

Sehr geehrte Damen und Herren

Vor zwei Wochen bestellten wir für unsere Buchhaltung 20 Bundesordner in Schwarz und 10 Schachteln Endlos-Computerpapier.

Mit Ihrer Lieferung vom 10.11.19.. erhalten wir jedoch nur 2 Ringordner und 1 Schachtel Computerpapier. Die Rechnung ist gemäss unserer Bestellung richtig ausgestellt.

Wir bitten Sie, uns umgehend gratis nachzuliefern:

18 Ordner schwarz und 9 Schachteln Endlos-Computerpapier.

Wir hoffen auf prompte Erledigung, da wir besonders die Ordner dringend benötigen.

Mit freundlichen Grüssen

Briefkopf

Trauben-Verkauf
Maurer
z.Hd. Herrn Maurer
Bergallee
6900 Lugano

Ihr Zeichen	unser Zeichen	Datum	Seite
urer	pf	Brig, 22.08.19	01

Regina-Trauben; Lieferung vom 22.08.19..

Sehr geehrter Herr Maurer

Für eine Sonderaktion zum Wochenende bestellte ich vor 5 Tagen bei Ihnen 150 Kilo Regina-Trauben. Heute morgen lieferte mir Ihr Speditionscamion diese Früchte vor meinem Geschäft ab.

Da dies frühmorgens geschah und ich mit Auffüllarbeiten beschäftigt war, konnte ich diese Sendung nicht sofort kontrollieren.

Am späteren Morgen stellte ich fest, dass Sie mir genau 100 Kilo Trauben zuviel geliefert haben. Auch die Rechnung wurde auf 250 Kilo ausgestellt.

Da es sich hierbei um leichtverderbliche Ware handelt, sehe ich mich gezwungen, diese Trauben noch billiger als vorgesehen zu verkaufen.

Voraussichtlich werde ich dabei ungefähr Fr. 500.-- weniger Umsatz erzielen, vorausgesetzt, dass es mir gelingt, alle Trauben zu verkaufen.

Ich muss darauf bestehen, dass Sie mich für meine Unkosten und Umtriebe finanziell entschädigen. Eine genaue Abrechnung folgt anfangs der nächsten Woche.

Mit freundlichen Grüssen

Fristansetzung bei Lieferverzug

Falls ein Käufer trotz der Vereinbarung eines Liefertermins nicht termingerecht beliefert wird, sollte er nach Möglichkeit nicht sofort von seiner Bestellung zurücktreten. Der Käufer kann dem Lieferanten eine angemessene Nachfrist einräumen. Diese Frist muss im entsprechenden Beschwerdebrief deutlich und unmissverständlich genannt werden. Falls trotz dieser Verlängerungsfrist die Ware bis zum gesetzten Termin nicht eintrifft, kann auf Schadenersatz bestanden werden.

Briefkopf

Ort, Datum

Einschreiben
Kohler & Co
Strickwarenfabrik
3098 Köniz

Fristansetzung

Sehr geehrte Damen und Herren

Am 01.10.19.. bestellten wir bei Ihnen 100 Damenpullover der Marke Norwey.

Leider sind diese bis heute noch nicht bei uns eingetroffen. Am 15.10.19.. reklamierten wir telefonisch, worauf man uns den Eingang auf den 25.10.19.. versprach.

Da diese Pullover für das bevorstehende Weihnachtsgeschäft gedacht sind, müssen wir Ihnen nun eine letzte Frist bis
15.11.19..
setzen. Sollten wir bis zu diesem Zeitpunkt nicht im Besitz der bestellten Pullover sein, müssten wir unsere Bestellung annullieren. Sicher werden Sie begreifen, das wir über Ihr Verhalten sehr enttäuscht sind, und erwarten deshalb, dass Sie uns umgehend berichten, ob Sie unsere letzte Fristansetzung einhalten können.

Mit freundlichen Grüssen

Briefkopf

Ort, Datum

Einschreiben
Elektro-Fachgeschäft
Georg Sprecher
Splügenstr. 10
9000 St.Gallen

Fristansetzung

Sehr geehrte Damen und Herren

Am 30. Januar 19.. bestellten wir bei Ihnen einen Staubsauger, lieferbar auf den 15.02. 19...

Nachdem die Lieferung bis heute nicht erfolgt ist, geben wir Ihnen eine letzte Frist zur Ausführung unserer Bestellung **bis zum 20. dieses Monats.** Sollten wir bis zu diesem Zeitpunkt nicht im Besitz des bestellten Staubsaugers sein, betrachten wir unsere Bestellung als annulliert und verweigern jegliche Abnahme des Kaufgegenstandes.

Wir hoffen, dass Sie nun diese endgültig letzte Frist einhalten.

Mit freundlichen Grüssen

Briefkopf

Ort, Datum

Auer Papier AG
Druckerei
7323 Wangs

Ihr Zeichen	unser Zeichen	Datum
reuter	2:ew 9	24.05.19..

Fristansetzung

Sehr geehrte Damen und Herren

Vor drei Wochen bestellten wir bei Ihnen **50 000 Blatt Offsetpapier.** Nach mehreren telefonischen Reklamationen versprachen Sie uns, dieses Papier bis spätestens am 20.05.19.. an uns zu liefern.

Bis heute ist diese Lieferung jedoch nicht bei uns eingetroffen. Da durch diese unerwartete Verzögerung viele unserer anfallenden Arbeiten nicht zu Ende geführt werden können, sind wir sehr enttäuscht.

Deshalb setzen wir Ihnen eine Nachfrist bis zum 27.05.19... Falls bis zu diesem Zeitpunkt unsere Bestellung nicht ausgeführt ist, können wir Ihre Firma in Zukunft nicht mehr berücksichtigen.

Wir sind jedoch überzeugt, dass Sie auf einen guten Stammkunden nicht verzichten wollen!

Mit freundlichen Grüssen

Geschäftliche Rundschreiben

Geschäftliche Rundschreiben laufen Gefahr, nicht gebührend beachtet zu werden. Es ist daher darauf zu achten, dass diese Rundschreiben sehr sorgfältig in einer angenehmen Darstellung geschrieben werden. Oft wird in geschäftlichen Rundschreiben eine wichtige Änderung in einer Firma oder im Betrieb beschrieben. Ausserdem kann ein Rundschreiben an Kunden sehr oft mit wirksamer Werbung verbunden werden.

Briefkopf

                        Ort, Datum

Geschäfts-Übernahme

Es freut mich, Ihnen mitteilen zu können, dass ich die seit über 20 Jahre bestehende

                Konditorei/Bäckerei Grob
                Alexanderstrasse in Chur

von Herrn Josef Grob übernommen habe.

Als langjähriger Mitarbeiter von Herrn Grob habe ich mir grosse berufliche Erfahrung erworben und dabei die Wünsche der Kundschaft kennengelernt. Selbstverständlich werde ich die seit 20 Jahren von Herrn Grob gepflegten Geschäftsprinzipien weiterführen.

Ich bitte Sie, das meinem Geschäftsvorgänger entgegengebrachte Wohlwollen auch mir entgegenzubringen.

Es wird mir stets ein Bestreben sein, meine Kunden sorgfältig und fachmännisch zu beraten und zu bedienen.

Beiliegend erhalten Sie eine süsse Überraschung. Es würde mich freuen, Sie bald in meinem Geschäft begrüssen zu können.

Mit freundlichen Grüssen

Briefkopf

Ort, Datum

Geschäftsübergabe

Meinen treuen Kunden teile ich mit, dass ich meine seit 30 Jahren geführte Metzgerei an der Poststrasse heute an
                    Herrn Robert Neuhaus
verkauft habe.

Für die mir während meiner Tätigkeit bekundete Treue spreche ich Ihnen meinen herzlichsten Dank aus. Ich bitte Sie, Ihr Wohlwollen auch auf meinen Nachfolger zu übertragen.

Mit freundlichen Grüssen

Hans Rettich

Geschäftsübernahme

Sehr geehrte Damen und Herren

Wie Sie aus obiger Anzeige entnehmen können, habe ich heute die altbekannte Metzgerei Rettich an der Poststrasse übernommen.

Ich bitte Sie, die meinem Geschäftsvorgänger entgegengebrachte Treue auch mir entgegenzubringen. Es wird mein Bestreben sein, Ihr Vertrauen durch fachmännische Beratung zu rechtfertigen.

Als Eröffnungsgeschenk erhält jeder Kunde eine kleine Überraschung.

Mit freundlichen Grüssen

Robert Neuhaus

Briefkopf

Ort, Datum

Ganz in Ihrer Nähe...

habe ich am 20.04.19.. einen Blumenladen eröffnet.

Als Kunst- und Handelsgärtner habe ich mir in mehrjähriger Berufstätigkeit grosse Erfahrungen erworben, welche Ihnen für eine gediegene und aufmerksame Bedienung Gewähr bietet. Ihre volle Zufriedenheit hoffe ich besonders auf meinem Spezialgebiet zu verdienen:

Künstlerischer Raumschmuck, Ausschmückung von Kirchen, Festsälen, Tischdekorationen bei allen festlichen Anlässen und vieles mehr.

Aus meinen besonders schönen Schnittblumen, welche ich immer frisch und in grosser Auswahl vorrätig habe, können Sie sich ganz nach Ihrer Fantasie ein prächtiges Arrangement zusammenstellen lassen. Schon mit wenigen, aber geschmackvoll ausgewählten Blumen lässt sich eine herrliche Wirkung erzielen.

Mein ganz besonderes Augenmerk werde ich auf den Verkauf von ausgesucht schönen Sukkulenten richten. Bitte besuchen Sie meine Ausstellung, die Ihnen viele Anregungen geben wird.

Mit freundlichen Grüssen

Briefkopf

Ort, Datum

Geschäftsverlegung

Sehr geehrte Kundschaft

Am 05.05.19.. habe ich meinen Betrieb an die

Bahnhofstrasse 12

verlegt.

In den neuen Geschäftsräumlichkeiten habe ich die Möglichkeit, ein bedeutend grösseres Angebot zu führen.

Der neue Laden ist weitgehend auf Selbstbedienung ausgerichtet, doch stehen mein Personal und ich unserer Kundschaft selbstverständlich jederzeit zu Verfügung.

Ich würde mich freuen, Sie auch in Zukunft zu meinen treuen Kunden zählen zu dürfen. Wir werden uns auch weiterhin bemühen, Sie zu Ihrer vollen Zufriedenheit zu bedienen.

Mit freundlichen Grüssen

Briefkopf

Ort, Datum

Sehr geehrte Geschäftsfreunde

Da ich mich in Zukunft vorwiegend den Belangen

Finanzen
Buchhaltung
Personalführung

widmen muss, habe ich mich entschlossen, meinen langjährigen Verkaufsleiter

Herrn Eugen Baumann

zu meinem Stellvertreter zu ernennen. Gleichzeitig erteile ich ihm die Prokura.

Herr Baumann wird sich in Zukunft vorwiegend im Bereich der

Kundenbetreuung

betätigen.

Ich habe meinen neuen Prokuristen schon seit langer Zeit auf diesen wichtigen Aufgabenbereich vorbereitet und bin überzeugt, dass er sich meines Vertrauens würdig erweisen wird.

Mit freundlichen Grüssen

Briefkopf

Ort, Datum

Sehr geehrte Damen und Herren

Es freut mich ausserordentlich, Ihnen mitteilen zu können, dass ich meinen langjährigen Verkaufsleiter

Herrn Paul Müller

mit Wirkung ab 15.12.19.. zum Prokuristen meiner Firma ernannt habe. Herr Müller ist seit 10 Jahren in meinem Betrieb tätig und hat sich in dieser Zeit zu einem wertvollen Mitarbeiter entwickelt.

Um ihm für seinen unermüdlichen Einsatz, sein Geschäftsinteresse und seine grossen fachlichen Kenntnisse zu danken, habe ich mich zu dieser Beförderung entschlossen.

Ich bitte Sie, das mir entgegengebrachte Vertrauen auch auf meinen neuen Prokuristen zu übertragen.

Mit freundlichen Grüssen

Rechnungen

Eine Rechnung gilt als Forderung für eine Dienstleistung oder als Forderung für gelieferte Ware. Rechnung und Rechnungskopie können im Streitfall zum Beweismittel werden. Das Fakturieren ist eine verantwortungsvolle Aufgabe. Es ist daher darauf zu achten, dass keine fehlerhaften Rechnungen das Haus verlassen. Unter Umständen lohnt es sich sogar, alle Rechnungen durch eine Zweitperson überprüfen zu lassen.

In einer Rechnung sollten folgende Angaben nicht fehlen:

Ort und Datum
Gegenstand der Rechnung
Gesamtsumme
Rabatte / Skonto
Bank- und Postverbindungen
Einzelpreis
Zahlungsbedingungen
Frist für Beanstandungen

Briefkopf

Herrn
Thomas Zuber
Erikaweg 32
8200 Schaffhausen

Rechnung und Auftragsbestätigung

                                        Ort, 04.03.19..

1 Stereoanlage	JVC 5849	Sonderangebot	Fr. 968.--
2 Boxen	Pioneer	Sonderangebot	Fr. 252.--

                                                  Fr. 1 220.--
./. 10 % Ausstellungsrabatt   Fr.   122.--

                                                  Fr. 1 098.--
                                                  ============

Besten Dank für Ihren freundlichen Auftrag!

Garantie für Stereoanlage 1 Jahr
Garantie für Boxen   3 Jahre

Rechnung gilt als Garantieschein!

Zahlbar innert 10 Tagen mit 2 % Skonto oder innert 30 Tagen rein netto.

Bankverein Konto Nr. 98345.43

Briefkopf

Büro Ulmer
Postfach 439
6000 Luzern

RECHNUNG NR. 832	Zug, 22.09.19../kl	
5 Schachteln Computer-Papier	à Fr. 25.00	Fr. 125.00
3 Bundesordner A4	à Fr. 12.50	Fr. 37.50
Zwischentotal		Fr. 162.50
./. 5 % Rabatt		Fr. 8.10
Total		Fr. 154.40

==========

Mit bestem Dank und freundlichen Grüssen

Einsprachefrist 3 Tage. Zahlbar innert 30 Tagen rein netto.
Jegliche unberechtigten Abzüge werden nachbelastet.

Bankkonto: SKA 60-12345
Postkonto: 594823

Das Mahnwesen

Oft liegt es nicht an Zahlungsunfähigkeit oder schlechtem Willen, dass fällige Rechnungen nicht bezahlt werden. Häufig werden sie einfach vergessen. Es ist darauf zu achten, dass vor allem die erste Mahnung eher einer Zahlungserinnerung gleichkommt. Heutzutage werden anstelle von 1. Mahnungen sehr oft auch sogenannte Kontoauszüge versandt. Damit wird vermieden, gute Kunden zu verärgern.

Schwieriger wird es, wenn ein Kunde weder mit der Zahlung der Rechnung reagiert, noch sonst etwas von sich hören lässt. Eine 2. Mahnung ist erforderlich. Es ist von Vorteil, wenn in der zweiten Mahnung der bisherige Mahnungsvorgang beschrieben wird. In dieser zweiten Mahnung muss die Zahlungsaufforderung mit einer Fristansetzung klar zum Ausdruck kommen. Ebenfalls könnte sie einen Hinweis auf die Rechtsfolge beinhalten.

Bei der 3. Mahnung können Sie auf sofortige Zahlung des geforderten Betrages inklusive allfälliger Spesen bestehen. Sofern der Kunde die Rechnung trotzdem nicht begleicht, müssen die nachfolgenden, rechtlichen Schritte klar zum Ausdruck kommen.

Briefkopf

Ort, Datum

Kalberer AG
z.Hd. Herrn Kalberer
Installationen
Postfach
3000 Bern

1. Mahnung

Sehr geehrter Herr Kalberer

Aus unserer Buchhaltung geht hervor, dass Sie uns die untenstehenden Rechnungen noch nicht bezahlt haben.

Rechnung Nr. 48475 vom 19.07.19.. über Fr. 289.50
Rechnung Nr. 09863 vom 15.08.19.. über Fr. 302.50

Wir bitten Sie um Begleichung innert den nächsten 10 Tagen!

Falls sich unsere Mahnung mit Ihrer Zahlung gekreuzt haben sollte, bitten wir Sie, dieses Schreiben als gegenstandslos zu betrachten.

Für Ihre baldige Überweisung danken wir Ihnen bestens.

Mit freundlichen Grüssen

Briefkopf

Ort, Datum

Bau-Unternehmen Keller
z.Hd. Herrn Keller
Tälibahn
7050 Arosa

Zahlungserinnerung

Sehr geehrter Herr Keller

Die Rechnung Nr. 7295 vom 12.12.19.., über den Gesamtbetrag von Fr. 75.60, wäre am 12.01.19.. zur Zahlung fällig gewesen.

Wir bitten Sie, den ausstehenden Betrag bis zum 25.01.19.. auf unser Konto bei der Raiffeisenbank in Sevelen zu überweisen.

Für Ihre baldige Zahlung danken wir Ihnen bestens.

Mit freundlichen Grüssen

Briefkopf

Ort, Datum

Gärtnerei
Fuhrmann
Dachsstr. 4
5634 Merenschwand

KONTOAUSZUG

Sehr geehrte Damen und Herren

Vermutlich ist Ihnen die Fälligkeit unserer Rechnung Nr. 986 vom 23.04.19.., im Betrag von Fr. 103.90 entgangen.

Wir bitten Sie, unserer Forderung baldmöglichst nachzukommen.

Sollte die Zahlung bereits an uns unterwegs sein, wollen Sie diesen Kontoauszug als gegenstandslos betrachten.

Für Ihre umgehende Zahlung danken wir Ihnen bestens.

Mit freundlichen Grüssen

Briefkopf

Ort, Datum

Senteler AG
z.Hd. Frau Meier
Postfach 495
9562 Märwil

KONTOAUSZUG

Sehr geehrte Frau Meier

Aus der untenstehenden Aufstellung Ihres Konto können Sie ersehen, welche Rechnungen gemäss unserer Kontrolle noch nicht bezahlt worden sind.

Rechnung Nr. 3957 vom 23.04.19.. Fr. 345.--
Rechnung Nr. 2019 vom 25.04.19.. Fr. 954.--

Die Zahlungsfrist dieser beiden Rechnungen ist bereits abgelaufen. Wir bitten Sie deshalb um Ihre Überweisung bis zum 01.06.19...

Ebenfalls offen sind die Rechnungen vom 05.05.19.., im Betrag von Fr. 8 645.--, und vom 10.05.19.., im Betrag von Fr. 89.--. Da diese beiden Rechnungen bis spätestens zum 10.06.19.. fällig sein werden, unterbreiten wir Ihnen folgenden Vorschlag:
Bei Bezahlung aller noch offenen Posten im Gesamtbetrag von Fr. 10 042.-- bis zum 07.06.19.. gewähren wir bei unserer nächsten Lieferung ausnahmsweise einen Rabatt von 5 %.

Bitte teilen Sie uns so schnell als möglich mit, für welchen Zahlungsweg Sie sich entschieden haben.

Mit freundlichen Grüssen

Briefkopf

Ort, Datum

Büro AG
Postfach 84

5033 Buchs

2. Mahnung

Sehr geehrte Damen und Herren

Aus unserer Buchhaltung geht hervor, dass die Rechnung Nr. 45 vom 23.03.19.., trotz bereits erfolgter Zahlungserinnerung vom 31.04.19.., noch immer nicht bezahlt worden ist.

Wir setzen Ihnen eine letzte Frist bis zum 01.05.19...

Sollte der Betrag bis zu diesem Zeitpunkt nicht beglichen sein, werden wir diesen, einschliesslich unserer Spesen, per Nachnahme bei Ihnen einfordern.

Wir sind jedoch überzeugt, dass Sie sich diese ärgerliche Massnahme ersparen werden.

Mit freundlichen Grüssen

Briefkopf

Ort, Datum

Bastelshop
Berther AG
Postfach 987
3624 Goldiwil

2. und letzte Zahlungsaufforderung

Sehr geehrte Damen und Herren

Zu unserem Bedauern sind Sie unserer Bitte um Begleichung der Rechnung vom 24.09.19.., im Betrag von Fr. 49.50, immer noch nicht nachgekommen.

Wir bitten Sie dringend, diesen Betrag bis zum 15.11.19.. auf unser Bankkonto einzuzahlen.

Sollten wir bis zu diesem Zeitpunkt nichts von Ihnen gehört haben, werden wir die Eintreibung dieses Betrages unserem Inkassobüro übergeben.

Mit der Begleichung Ihrer Schuld ersparen Sie sich und uns diese Massnahme.

Mit freundlichen Grüssen

Briefkopf

Ort, Datum

Küchen AG
z.Hd. Herrn Toller
Postfach 48
6362 Obbürgen

2. Mahnung

Sehr geehrter Herr Toller

Bis heute haben Sie auf unsere letzte Zahlungserinnerung weder mit telefonischem Bericht, noch mit der Zahlung unseres Guthabens reagiert.

Sollten wir bis zum 20.02.19.. nicht im Besitz des Rechnungsbetrages von Fr. 1 023.50, zuzüglich Fr. 4.-- Mahnspesen sein, müssen wir Ihren Fall leider unserem Inkassoservice übergeben.

Sicher ist Ihnen jedoch bekannt, dass solche Inkassomassnahmen mit sehr hohen Spesen verbunden sind, welche voll und ganz von Ihnen zu bezahlen sind.

Es liegt nun an Ihnen, diese Rechnung zu begleichen!

Mit freundlichen Grüssen

Briefkopf

Ort, Datum

Gerber AG
Feldstrasse 9
7321 Schwendi

2. Mahnung und letzte Zahlungsaufforderung

Sehr geehrte Damen und Herren

Aufgrund unserer Zahlungskontrolle stellen wir fest, dass Ihre Rechnung(en):

Nr. 83288/9472 vom 08.11.19.. im Betrag von Fr. 90.50
Nr. 94378/9641 vom 23.11.19.. im Betrag von Fr. 30.70

trotz erfolgter Zahlungserinnerung noch nicht bezahlt worden sind.

Wir legen Ihnen nochmals einen Einzahlungsschein bei und bitten Sie dringend, diesen Betrag bis zum 01.03.19.. auf unser Konto bei der Kantonalbank zu überweisen.

Falls es aus Ihrer Sicht einen vertretbaren Grund gibt, warum Sie diese Rechnung noch nicht bezahlt haben, bitten wir um umgehenden telefonischen oder schriftlichen Bericht.

Wenn wir nach Ablauf dieser Frist nichts von Ihnen gehört haben sollten, sehen wir uns gezwungen, den Einzug dieses Guthabens unserem Inkassobüro zu übergeben!

Mit der Begleichung der Forderung ersparen Sie sich diesen Ärger!

Mit freundlichen Grüssen

Briefkopf

Ort, Datum

Filli AG
Rütistr. 3
5606 Dintikon

3. Mahnung

Sehr geehrte Damen und Herren

Leider müssen wir heute bei der wöchentlichen Buchhaltungskontrolle feststellen, dass Sie unserer Forderung vom 23.03.19.. noch immer nicht nachgekommen sind.

Besonders enttäuscht sind wir, dass Sie sich trotz mehrmaligen Aufforderungen nicht bei uns gemeldet haben.

Falls wir bis zum 01.08.19.. nicht im Besitz des Rechnungsbetrages von Fr. 490.-- zuzüglich Fr. 8.-- Mahnspesen sind, müssen wir unsere Forderung unverzüglich durch das Betreibungsamt eintreiben lassen.

Dies ist unsere letzte Zahlungsfristverlängerung!

Selbstverständlich werden wir Sie bis zur Begleichung Ihrer Schuld nicht weiter mit Waren beliefern.

Mit freundlichen Grüssen

Briefkopf

Ort, Datum

Köcher GmbH
Soldanellaweg 57
3098 Schliern bei Köniz

3. Mahnung und letzte Zahlungsaufforderung

Sehr geehrte Damen und Herren

Trotz bereits mehrmalig erfolgten Zahlungserinnerungen ist unsere Rechnung Nr. 44533 vom 12.12.19.., im Betrag von Fr. 9 894.--, noch immer nicht bezahlt worden.

Wir sind von Ihrem Verhalten sehr enttäuscht, da Sie uns bei unserer Lieferung versprochen haben, den Betrag innert der vereinbarten Zahlungsfrist zu überweisen.

Heute räumen wir Ihnen eine letzte Frist ein:

Wir erwarten den Betrag bis spätestens 04. April 19...

Danach übergeben wir unser Begehren unverzüglich dem Betreibungsamt.

Mit freundlichen Grüssen

Briefkopf

Ort, Datum

Foder AG
Postfach 84
5000 Aarau

Letzte Zahlungsaufforderung

Sehr geehrte Damen und Herren

Heute stellten wir fest, dass unsere Rechnung Nr. 3842 vom 13.02.19.. noch immer nicht bezahlt worden ist.

Zahlungsfristen von über drei Monaten sind im Geschäftsleben nicht üblich. Deshalb müssen wir auf die Überweisung von Fr. 205.- bestehen!

Falls wir bis zum 01.06.19.. nicht im Besitz dieses Betrages sind, sehen wir uns gezwungen, die Betreibung gegen Sie einzuleiten!

Lassen Sie also diese letzte Frist nicht ungenutzt verstreichen.

Mit freundlichen Grüssen

Antworten auf Mahnbriefe

Am einfachsten ist es immer, wenn man als Antwort auf eine Mahnung den geforderten Betrag bezahlen kann. Ist es dem Schuldner jedoch nicht möglich, die Rechnung zu begleichen, muss er dies dem Gläubiger umgehend mitteilen. In diesem Brief erklärt der Kunde dem Lieferanten, warum es ihm bisher nicht möglich war, den Rechnungsbetrag zu überweisen. Ebenfalls sollte er dem Gläubiger einen Zahlungsvorschlag unterbreiten.

Auf keinen Fall darf man Mahnungen unbeantwortet lassen. Mit einer Antwort erspart man dem Lieferanten und sich selber sehr viel Ärger und Zeit.

Briefkopf

Ort, Datum

Kneubühler AG
Feldgasse 39
4900 Langenthal

<u>Ihre Mahnung vom 23.03.19..</u>

Sehr geehrte Damen und Herren

Heute erhalten wir Ihre Mahnung der Rechnung vom 15.03.19.., über den Betrag von Fr. 304.--.

Dieser Betrag wurde von uns am 10.04.19.. auf Ihr Konto bei der Kantonalbank überwiesen.

Da in letzter Zeit öfters unberechtigte Mahnungen bei uns eintreffen, haben wir diese Überweisung bei der Bank kontrollieren lassen und erhielten die Bestätigung, dass Ihnen dieser Betrag am 15.04.19.. auf Ihrem Konto gutgeschrieben worden ist.

Für weitere Auskünfte steht Ihnen unser Buchhalter, Herr Lang, gerne zur Verfügung.

Mit freundlichen Grüssen

Briefkopf

Ort, Datum

Druckerei Simeon
Postfach 48
9413 Oberegg

<u>Ihre Mahnung vom 05.07.19...</u>

Sehr geehrte Damen und Herren

Heute erinnern Sie uns an die Fälligkeit der Rechnung Nummer 09/834575 vom 15.06.19...

Wir finden es reichlich verfrüht, wenn Sie uns auf Rechnungen aufmerksam machen, welche gerade erst 20 Tage alt sind.

Üblicherweise bezahlen wir Rechnungen 30 Tage nach Erhalt der Ware. Selbstverständlich werden wir auch für Ihre Lieferung den Betrag von Fr. 853.90 am 15.07.19.. auf Ihr Konto überweisen.

Mit freundlichen Grüssen

Briefkopf

Ort, Datum

Dubach GmbH
Untere Gasse 48 A
5000 Aarau

Ihre 2. Mahnung vom 21.07.19...

Sehr geehrte Damen und Herren

Ihre 2. Mahnung Nr. 394857 ist völlig berechtigt. Als erstes möchten wir uns entschuldigen, dass wir auf Ihre bereits erfolgte Zahlungserinnerung nicht reagiert haben.

Durch eine ungenügende Nachfrage nach unseren Strohhüten, infolge des schlechten Wetters, sind wir in eine unangenehme Finanzlage geraten.

Deshalb waren wir bis heute nicht in der Lage, Ihrer Forderung über Fr. 493.60 nachzukommen. Da wir jedoch mit Ihnen und Ihrer Auslieferung immer sehr zufrieden waren, möchten wir Sie nicht länger auf die Bezahlung der Rechnung warten lassen.

Den Betrag von Fr. 493.60 werden wir in den nächsten Tagen auf Ihr Konto überweisen.

Wir bedanken uns für Ihr Vertrauen und Ihre Geduld!

Mit freundlichen Grüssen

Briefkopf

Ort, Datum

Joesph Hotz AG
Weststrasse 8
9500 Wil

Ihre 3. Mahnung Nr. 345987 vom 14.10.19...

Sehr geehrte Damen und Herren

Es ist uns unverständlich, warum wir heute von Ihnen bereits die 3. Mahnung der Rechnung Nr. 348 vom 21.03.19.. erhalten, obwohl wir bereits auf die 1. Mahnung reagiert haben.

Am 03.05.19.. teilten wir Ihnen mit, dass wir diese Rechnung am 24.04.19.. auf Ihr Postkonto einbezahlt haben. Beiliegend erhalten Sie eine Fotokopie der Überweisung.

Wir hoffen, dass Sie diesen Fall nun endlich abschliessen und uns nicht weiterhin mit unberechtigten Mahnungen verärgern werden!

Mit freundlichem Gruss

Anfragen auf Teilzahlung

Falls es dem Schuldner nicht möglich ist, eine geforderte Schuld innerhalb der gesetzten Frist zu bezahlen, kann er dem Gläubiger einen Teilzahlungsvorschlag unterbreiten. Diese Lösung zeigt dem Gläubiger, dass es dem Schuldner im Moment wohl nicht möglich ist, seinen Verpflichtungen nachzukommen, er jedoch guten Willens ist, die Schuld zu tilgen. In diesem Brief muss es zu konkreten Vorschlägen kommen. Sehr häufig willigt der Gläubiger bei solchen Teilzahlungsvorschlägen ein.

Briefkopf

Ort, Datum

Kocher & Co AG
Lebensmittel
8200 Schaffhausen

Rechnung vom 15.11.19..

Sehr geehrte Damen und Herren

Leider hat sich das Saisongeschäft witterungsbedingt bisher nicht so entwickelt, wie wir es erwartet haben.

Aus diesem Grund war es uns nicht möglich, Ihre Rechnung, im Betrag von Fr. 1 244.20, innerhalb der vorgeschriebenen Frist zu begleichen.

Wir machen Ihnen deshalb den Vorschlag, diesen Betrag in zwei Teilraten von je Fr. 622.10

auf den 30. Juni 19..
und auf den 31. Juli 19..

zu bezahlen.

Es würde uns sehr freuen, wenn Sie unserem Vorschlag zustimmen könnten, und wir versichern Ihnen, dass wir Ihre Firma auch in Zukunft berücksichtigen werden.

Mit freundlichen Grüssen

Briefkopf

Ort, Datum

Ernst Berger & Co
Weinhandlung
7013 Domat/Ems

Teilzahlungsgesuch

Sehr geehrter Herr Berger

Der gute Wille ist vorhanden, aber leider fehlen auch bei mir - wie bei vielen anderen - die notwendigen Finanzen.

Aus diesem Grund möchte ich Sie bitten, mir zu erlauben, Ihre Rechnung im Betrag von Fr. 256.– in zwei Teilraten auf den 30. April und den 31. Mai zu bezahlen.

Ich versichere Ihnen, dass ich diese Termine einhalten werde.

Teilen Sie mir bitte baldmöglichst mit, ob Sie mit meinem Vorschlag einverstanden sind.

Mit freundlichem Gruss

Briefkopf

Ort, Datum

Frech Versand
Postfach 8473
8050 Zürich

Teilzahlungsgeschäft

Sehr geehrte Damen und Herren

Bestimmt haben Sie von den grossen Schwierigkeiten gehört, in welchen sich die Uhrenindustrie zur Zeit befindet.

Leider sind wir als Uhrengeschäft von diesem wirtschaftlichen Tiefgang nicht verschont geblieben.

Deshalb wird es uns in nächster Zeit nicht möglich sein, Ihrer Forderung der Rechnung vom 10.10.19.., über den Betrag von Fr. 636.-- nachzukommen.

Bevor Sie uns eine Mahnung zusenden, möchten wir Ihnen ein Teilzahlungsgeschäft vorschlagen:
Demnach würden wir Ihre Rechnung in 3 Raten à Fr. 212.-- bezahlen. Die letzte Rate ist am 10.02.19.. fällig.

Wir versprechen Ihnen, dass wir alles daran setzen werden, unser Versprechen einzulösen. Auch erwarten wir eine Umsatzsteigerung infolge des herannahenden Weihnachtsgeschäftes.

Bitte geben Sie uns Bericht, ob Sie mit unserem Vorschlag einverstanden sind. Für eine wohlwollende Prüfung danken wir Ihnen.

Mit freundlichen Grüssen

Briefkopf

Ort, Datum

Büro Senger
Postfach 4895
6285 Hitzkirch

Teilzahlungsgesuch

Sehr geehrte Damen und Herren

Heute erhalten wir Ihre 2. Mahnung der Rechnung Nr. 439 vom 23.08.19...

Leider wird es uns auch in nächster Zeit nicht möglich sein, dieser Forderung nachzukommen.

Um Ihnen unseren Zahlungswillen jedoch zu zeigen, möchten wir Ihnen folgenden Vorschlag unterbreiten:

Wir zahlen diesen Betrag (Fr. 936.--) in drei Raten. Die Teilraten würden dann wie folgt aussehen:

1. Rate Fr. 312.-- am 15.10.19..
2. Rate Fr. 312.-- am 15.11.19..
3. Rate Fr. 312.-- am 15.12.19..

Somit wäre die Schuld im Dezember dieses Jahres getilgt.

Bitte geben Sie uns Bericht, ob Sie mit unserem Vorschlag einverstanden sind. Wir sind jedoch überzeugt, dass Sie unser Begehren wohlwollend prüfen werden.

Mit feundlichen Grüssen

Stundungsgesuche

Ein Stundungsgesuch kommt im weitesten Sinne einer Antwort auf eine Mahnung gleich. In diesem Brief versucht man die Zahlungsfrist einer Rechnung zu verlängern, indem man dem Gläubiger die Gründe schildert, durch welche man vorübergehend in Zahlungsschwierigkeiten geraten ist. Jeder Gläubiger sollte Verständnis zeigen, sofern man seinen Zahlungswillen ehrlich zeigt. Im betreffenden Brief muss man die Lieferantenrechnung erwähnen und sollte, wenn möglich, den nächstmöglichen Zahlungstermin nennen. Diese Frist darf jedoch nicht zu kurz gehalten werden, da eine weitere Zahlungsverzögerung für beide Seiten unangenehm wäre.

Briefkopf

Ort, Datum

Calanda AG
Schreibmaschinen
Rheinstrasse 8
7000 Chur

Stundungsgesuch

Sehr geehrte Damen und Herren

In Beantwortung Ihrer Mahnung vom 07.07.19.. müssen wir Ihnen leider mitteilen, dass wir Ihre Rechnung im Betrag von Fr. 838.-- bis am 20.07.19.. nicht bezahlen können.

Der Umbau unserer Geschäftsräumlichkeiten ist leider wesentlich teurer ausgefallen, als dies von uns geplant worden ist.

Dadurch sind wir in einen finanziellen Engpass geraten, den wir unseren Lieferanten gegenüber natürlich sehr bedauern.

Aus diesem Grund bitten wir Sie um Verlängerung des Zahlungszieles bis zum 01.10.19... Wir sind überzeugt, bis zu diesem Zeitpunkt unseren Verpflichtungen wieder nachkommen zu können, und erwarten Ihre Zustimmung zu unserem Vorschlag.

Mit freundlichen Grüssen

Briefkopf

Ort, Datum

Emmenegger AG
Baugeschäft
4600 Olten

Stundungsgesuch

Sehr geehrte Damen und Herren

Wir müssen Ihnen leider mitteilen, dass wir Ihre Rechnung im Betrag von Fr. 745.60 nicht innerhalb des angesetzten Zahlungszieles begleichen können.

Infolge der unsicheren politischen Lage und des zu hohen sFr.-Kurses sind sehr viele Gäste aus dem Ausland ausgeblieben. Insbesondere fehlen der schweizerischen Hotellerie dieses Jahr die amerikanischen Gäste, welche aus Angst vor Terroranschlägen ihre Reisen nach Europa annulliert haben.

Wir bitten Sie deshalb, das Zahlungsziel Ihrer Rechnung um drei Monate zu verlängern. Nach dieser Fristverlängerung werden wir in der Lage sein, Ihre Rechnung zu bezahlen.

Gerne erwarten wir Ihre positive Antwort und danken Ihnen schon heute für Ihr Entgegenkommen.

Mit freundlichen Grüssen

Zeugnisse im Beruf

Wenn ein bewährter Angestellter den Betrieb auf eigenen Wunsch verlässt, ist es nötig, diesem ein würdiges Zeugnis auszustellen. In diesem Zeugnis sollte erwähnt werden, dass der Angestellte die Anstellung auf eigenen Wunsch verlässt. Ausserdem beschreibt man kurz die Tätigkeiten, welche dieser inne hatte und mit welchem Unternehmungsgeist und Freude er diese Arbeiten erledigt hat. Selbstverständlich ist auch die genaue Zeitdauer des Arbeitsverhältnisses anzugeben.

Angestellten, welche vom Arbeitgeber wegen ungenügender Arbeitsleistung gekündigt worden sind, stellt man nur eine kurze Arbeitsbestätigung aus.

Briefkopf

Ort, Datum

Zeugnis

Fräulein Brigitte Neuenschwander

geboren am 05.02.19.., von Davos hat bei uns vom 01.07.19.. bis am 25.04.19.. als kaufmännische Angestellte gearbeitet.

Fräulein Neuenschwander wurde bei uns hauptsächlich in der Korrespondenzabteilung eingesetzt. Zwischendurch hatte sie auch Gelegenheit, sich in der Buchhaltung weiterzubilden.

Sie erwies sich dabei als eine sehr fleissige und exakte Angestellte. Insbesonders hat sie sich in unserer Buchhaltung enorm gesteigert und ist heute in der Lage, die Buchhaltung eines kleineren Betriebes selbständig zu erledigen.

Neben ihrer tadellosen Arbeitsleistung möchten wir aber auch besonders ihre Pünktlichkeit, ihren Fleiss und ihren soliden Lebenswandel hervorheben.

Fräulein Neuenschwander verlässt uns auf eigenen Wunsch. Wir können sie jedermann bestens empfehlen und wünschen ihr viel Glück für ihre Zukunft.

Briefkopf

Ort, Datum

ZEUGNIS

Fräulein Erika Keller, geboren am 23.12.19.., hat bei uns vom 12.01.19.. bis zum 12.01.19.. die Lehre als Verkäuferin absolviert.

Fräulein Keller wurde während der 3jährigen Lehrzeit vorerst ein Jahr im Wareneingang und in der Speditionsabteilung beschäftigt.

Dabei erwies sie sich als eine Lehrtochter mit schneller Auffassungsgabe, und vor allem verdiente sie sich unser Vertrauen durch exaktes und gewissenhaftes Arbeiten.

Im zweiten Lehrjahr konnten wir sie bereits im Laden zur Bedienung unserer Kunden einsetzen. Fräulein Keller war eine ausserordentlich freundliche Verkäuferin und deshalb bei unserer Kundschaft sehr beliebt. Dabei eignete sie sich innert kurzer Zeit recht gute fachmännische Kenntnisse an. Auffalllend an ihr ist aber auch ihr fröhliches Wesen, welches viel zum guten Teamwork in unserem Geschäft beitrug.

Fräulein Keller verlässt uns, um ihre Sprachkenntnisse im Tessin zu verbessern. Sollte sie früher oder später zurückkehren, würden wir sie jederzeit gerne wieder einstellen.

Wir wünschen ihr für die Zukunft alles Gute.

Briefkopf

Ort, Datum

ZEUGNIS

HERR FRANZ HALTNER

geboren 13.12.19.. in Brig, war in der Zeit vom 01.08.19.. bis zum 20.06.19.. in unserer Offsetdruckerei als Buchdrucker beschäftigt.

Vor allem bewährt hat er sich in der Ausbildung unserer Lehrlinge, da Herr Halter über ein ausserordentliches Einfühlunsvermögen verfügt.

Mit seinen Leistungen waren wir immer sehr zufrieden. Er verrichtete seine Arbeiten sehr genau und sorgfältig. Auch war er auf absolute Sauberkeit bedacht.

Seinen Arbeitskollegen gegenüber war er immer kameradschaftlich und hilfsbereit.

Herr Halter verlässt uns auf eigenen Wunsch. Wir verlieren in ihm eine wertvolle Arbeitskraft.

Für seine Zukunft wünschen wir ihm alles Gute!

Bruderer AG

Hans Messerer

Kondolenzbriefe im Geschäftsbereich

Mit einem Kondolenzbrief drückt man seine Anteilnahme aus. Deshalb sollte dieser Brief frei von überschwenglichen Worten sein, da dieser sonst unnatürlich klingt. Ausserdem sollte dieser Brief so kurz als möglich sein.

Zum Tode Ihres Geschäftsführers, Herrn Dr. Peter Zumbühl, sprechen wir Ihnen unsere Anteilnahme aus.
Während den vielen Jahren, in welchen Herr Zumbühl uns beraten hat, haben wir ihn persönlich und als Fachmann schätzen gelernt.

Bestimmt werden wir Herrn Zumbühl noch lange vermissen.

Mit stillem Gruss

☆☆☆☆☆☆☆☆☆☆☆☆☆☆☆☆☆☆☆☆☆☆☆☆☆☆☆☆☆☆☆☆☆☆☆☆

Zum plötzlichen Tod Ihres Mitarbeiters, Herrn Raab, sprechen wir Ihnen unser Beileid aus.
Wir werden den freundlichen Umgang und den geschäftlichen Rat des Verstorbenen vermissen.
Wir wissen, dass seine Lücke nicht so leicht geschlossen werden kann.

Mit stillem Gruss

☆☆☆☆☆☆☆☆☆☆☆☆☆☆☆☆☆☆☆☆☆☆☆☆☆☆☆☆☆☆☆☆☆☆☆☆

Die Nachricht vom Heimgang Ihres Vorstandspräsidenten, Herrn Dr. Jakob Weber, hat uns tief getroffen.
Herr Weber war uns als gerechter und hilfsbereiter Mensch bekannt.
Wir werden sein Andenken in Ehren halten.

Mit stillem Gruss

☆☆☆☆☆☆☆☆☆☆☆☆☆☆☆☆☆☆☆☆☆☆☆☆☆☆☆☆☆☆☆☆☆☆☆☆

Die Nachricht vom plötzlichen Heimgang Ihrer Mitarbeiterin, Frau Regula Meier, hat uns tief bewegt.
Wir haben Frau Meier über 20 Jahre als nette und sehr zuverlässige Sekretärin geschätzt.
Sie wird uns in unvergesslicher Erinnerung bleiben.

Mit stillem Gruss

☆☆☆☆☆☆☆☆☆☆☆☆☆☆☆☆☆☆☆☆☆☆☆☆☆☆☆☆☆☆☆☆☆☆☆☆

Diverse Einladungen

Geschäftliche Einladungen können entweder persönlich oder ganz allgemein gestaltet werden. Angaben über die Art und den Zweck der Festlichkeit dürfen jedoch nicht fehlen. Ebenfalls ist es sehr dienlich, wenn die ungefähre Zeitdauer des Festes mitgeteilt werden kann.

Briefkopf

Ort, Datum

Walther GmbH
z.Hd. Herrn Sonder
Postfach 482
9542 Münchwilen

Einladung zur Jahresversammlung

Sehr geehrte Geschäftsfreunde

Wir möchten Sie zur alljährlichen Jahresversammlung unseres Speditionsbetriebes ganz herzlich einladen.

Am Mittwoch, 23.02.19.., geben wir in der "Klaushütte" ein kleines Fest anlässlich des abgeschlossenen Geschäftsjahres 19...

Besammlung zum Abendessen ist um 19.30 Uhr im Restaurant "Zur Klaushütte" in Münchwilen.

Bitte teilen Sie uns so schnell als möglich mit, ob und mit wie vielen Personen Sie erscheinen werden.

Mit freundlichen Grüssen

Briefkopf

Ort, Datum

Fausch AG
Postfach 934
3000 Bern

EINLADUNG

Sehr geehrter Geschäftsfreund

Anlässlich der Neueröffnung unseres Ladengeschäftes an der St. Martinsgasse 19 in Ziegelbrücke laden wir Sie ganz herzlich zu einer Betriebsbesichtigung und einem kleinen Imbiss ein.

Wann?	Montag 21.09.19..
Zeit?	13.30 Uhr
Wo?	Besammlung bei der Hauptpost

Anschliessend an die kurze Betriebsbesichtigung möchten wir Ihnen im Bahnhofbuffet einen kleinen Imbiss offerieren.

Bitte teilen Sie uns bis zum 10.09.19.. mit, ob Sie an unserer Besichtigung teilnehmen wollen.

Mit freundlichen Grüssen

Briefkopf

25 JAHRE KÄSEREI MÜLLER

Im nächsten Monat können wir unser 25jähriges Geschäftsjubiläum feiern.

Zu einer kleinen Feier möchten wir Sie ganz herzlich einladen.

FESTPROGRAMM:

Besammlung	Freitag, 17.10.19.. um 15.00 Uhr in unserer Käserei an der Haldenstrasse 12 in Laax
ca 15.00 Uhr	Besichtigung unserer Käserei mit verschiedenen Degustationen von hauseigenen Käsesorten
ca 16.00 Uhr	Aperitif und kleiner Imbiss im Restaurant Flora in Laax
ca 18.00 Uhr	Gemütliches Beisammensein und Tanz im kleinen Saal des Restaurants Flora.

Teilen Sie uns bitte so schnell als möglich mit untenstehendem Anmeldecoupon mit, ob Sie am Jubiläumsfest teilnehmen werden.

Mit freundlichen Grüssen

August Müller

ANMELDECOUPON
Ich möchte am Jubiläumsfest der Käserei Müller teilnehmen und werde mit .... Personen erscheinen:
Name: _____
Firma: _____
Telefonnummer: _____

Geschäftliche Glückwünsche

In geschäftlichen Glückwünschen - sei es nun zur Geburt eines Kindes oder zum Jahreswechsel - kann man sich gleichzeitig für die Zusammenarbeit mit dem Geschäftspartner bedanken.

Die nachfolgenden Beispiele sollen jedoch nur zum möglichst eigenständigen Schreiben anregen!

Briefkopf

                          Ort, Datum

Schmidlin AG
Postfach 596
8036 Zürich

Sehr geehrter Gechäftsfreund

      Nun ist es wieder mal soweit:
      Es kommt die Weihnachtszeit!
      Weihnachtsglück sei Euch beschieden!
      Über allem möge walten
      Fröhlichkeit und heitrer Frieden.

In diesem Sinne wünschen wir Ihnen geruhsame Weihnachten und ein glückliches 19...

Für die guten Geschäftsverbindungen möchten wir uns an dieser Stelle recht herzlich bedanken und freuen uns auf weitere gute Zusammenarbeit.

Mit freundlichen Grüssen

Briefkopf

Ort, Datum

Läuchli AG
z.Hd. Herrn Weber
Postfach 569
9506 Lommis

Sehr geehrter Herr Weber

Wir wünschen Ihnen friedliche und geruhsame Weihnachten 19...
Für die gute Zusammenarbeit im vergangenen Jahr möchten wir
uns heute mit einem kleinen, süssen Geschenk recht herzlich bedanken.

Wir hoffen, dass auch das kommende Jahr so erfolgreich ausfallen
wird!

Mit freundlichen Grüssen

Briefkopf

Ort, Datum

Keller AG
z.Hd. Frau Keller
Blumenau 12
8500 Frauenfeld

Sehr geehrte Frau Keller

        Was man sich vom neuen Jahr verspricht,
        dieses hält man oder nicht -
        Besser wird es darum jenen gehen,
        die selbst aktiv auf ihrem Posten stehen!

Wir wünschen Ihnen ein friedliches und erfolgreiches 19...

Mit freundlichen Grüssen

Briefkopf

Ort, Datum

Krauer GmbH
z.Hd. Herrn Grob
Postfach 593
3030 Bern

Sehr geehrter Herr Grob

> Zum neuen Jahr neuen Segen
> Zum neuen Wirken neu Vermögen
> Zum neuen Jahr die alte Treu'
> Dann ist stets Gottes Segen treu.
> (Tabor)

In diesem Sinne wünschen wir Ihnen, sehr geehrter Geschäftsfreund, alles Gute und ein erfolgreiches 19...

Wir bedanken uns für die gute Zusammenarbeit, welche wir mit Ihnen im vergangenen Jahr hatten, und hoffen, dass dies auch im 19.. der Fall sein wird.

Mit freundlichen Grüssen

Briefkopf

Ort, Datum

Saner AG
z.Hd. Herrn Gerber
Postfach 36
8036 Zürich

Sehr geehrter Herr Gerber

Zum neuen Jahr entbieten wir Ihnen Glück, Gesundheit und Freude. Ausserdem wünschen wir Ihnen, dass das neue Jahr wiederum so erfolgreich verlaufen wird, wie dies im letzten Jahr der Fall war.

Für die angenehme Zusammenarbeit mit Ihnen möchten wir uns an dieser Stelle recht herzlich bedanken.

Damit Sie das nächste Jahr bereits heute schon planen können, legen wir Ihnen unseren Terminkalender bei. Mit diesem können Sie die Übersicht bewahren.

Nochmals wünschen wir Ihnen: "En guete Rutsch ins19..".

Mit freundlichen Grüssen

Briefkopf

Ort, Datum

Herrn
Peter Brunner
Haus Klara

8164 Bachs

Sehr geehrter Herr Brunner

Zum Eintritt in den wohlverdienten Ruhestand wünschen wir Ihnen viel Glück und gute Gesundheit.

Für Ihre langjährigen Dienste und Ihre freundliche Art bedanken wir uns aufrichtig. Wir werden Sie bestimmt vermissen und uns oft an unsere Zusammenarbeit erinnern.

Da wir wissen, dass Sie in Kürze in die Ferien nach Rom verreisen, haben wir beschlossen, Ihnen ein kleines Abschiedsgeschenk zu kaufen. Wir hoffen, dass Ihnen dieser Reiseführer behilflich sein wird, diese antike Stadt zu erforschen.

Mit freundlichen Grüssen

Briefkopf

Ort, Datum

Frau
Barbara Fausch
Aroserstr. 45
7000 Chur

Sehr geehrte Frau Fausch

Unserer lieben Kollegin Frau Fausch wünschen wir zum Eintritt in den wohlverdienten Ruhestand viel Glück, Gesundheit und ein langes Leben.

Wir danken Ihnen für die vorbildliche Haltung, die Sie gegenüber jedermann gezeigt haben. Uns hat es immer grosse Freude bereitet, mit Ihnen zu arbeiten. Mit Ihrem unermüdlichen Einsatz haben Sie mitgeholfen, unsere Firma aus ihren Anfängen zu ihrem heutigen Ansehen zu führen.

Wir hoffen, dass Sie heute Ihre Energie in Ihren Hobbys ausleben können. Bestimmt werden wir uns oft an Sie erinnern. Vielleicht haben Sie einmal Lust, uns zu besuchen? Sie sind bei uns jederzeit herzlich willkommen.

Mit freundlichen Grüssen

Briefkopf

Ort, Datum

Autogarage
Peter Haller
Talackergasse 4
8800 Walenstadt

Sehr geehrter Herr Haller

Zu Ihrer bevorstehenden Heirat wünschen wir Ihrer Frau und Ihnen aufrichtig alles Gute und eine glückliche Zukunft.

Wir hoffen, dass Ihnen unser kleines Geschenk etwas Freude bereitet. Es soll ein kleiner Grundstein für den zukünftigen Hausstand sein.

Mit freundlichen Grüssen

Briefkopf
===

Ort, Datum

Gärtnerei
Zum Blütenkranz
z.Hd. Herrn Paul Meier
7220 Schiers

Sehr geehrter Herr Meier

Zur Geburt Ihres Stammhalters gratulieren wir Ihrer Frau und Ihnen ganz herzlich.

Wir freuen uns, dass Ihre Frau die Geburt gut überstanden hat und bereits in Ihr vertrautes Heim zurückkehren durfte.

Mit aufrichtigen Wünschen für die Zukunft des Knaben übergeben wir Ihnen ein kleines Geschenk.

Mit freundlichen Grüssen

Briefkopf

Ort, Datum

Bahnhofkiosk
z.Hd. Herrn Keller
Postfach 5849
6300 Zug

Sehr geehrter Herr Keller

Mit grosser Freude durften wir heute von der Geburt Ihrer Tochter Manuela hören.

Zu diesem freudigen Ereignis gratulieren wir Ihnen von Herzen und wünschen für die Zukunft alles Gute.

Mit freundlichen Grüssen

Briefkopf

Ort, Datum

Stetter Versand
z.Hd. Herrn Stetter
Auenstr. 21
8560 Märstetten

Sehr geehrter Herr Stetter

Zur Erweiterung Ihres Geschäftes gratulieren wir Ihnen recht herzlich! Wir sind überzeugt, dass sich Ihr vergrössertes Angebot sehr bald bewähren wird, zumal die heutige Konkurrenz im Geschäftsbetrieb immer hektischer und schwieriger wird.

Alles Gute und viel Erfolg!

Mit freundlichem Gruss

Briefkopf

Ort, Datum

Papier AG
z.Hd. Frau Schmied
Postfach 459
6340 Schwyz

Sehr geehrte Frau Schmied

Ich möchte es nicht versäumen, Sie nochmals zu Ihren neuen Geschäftsräumlichkeiten zu beglückwünschen.

Ihre Kundschaft wird sich sicher in den modernen Räumlichkeiten ausserordentlich wohl fühlen.

Für Ihre Arbeit wünsche ich Ihnen viel Glück und Erfolg.

Mit freundlichen Grüssen

Briefkopf

                                      Ort, Datum

Geschenkboutique
Chéz Pièrre
z.Hd. Herrn Müller
Erikastrasse 34
4431 Bennwil

Sehr geehrter Herr Müller

Zur Eröffnung Ihrer Geschenkboutique gratulieren wir Ihnen herzlich.

Wir wünschen Ihnen, dass alle Hoffnungen, die Sie in dieses Geschäft gelegt haben, bald in Erfüllung gehen.

Wir sind jedoch überzeugt, dass Sie sich für Ihre Ziele sehr hart einsetzen werden. Selbstverständlich stehen wir Ihnen jederzeit mit Rat und Tat zur Seite, sofern Sie diese benötigen sollten.

Mit freundlichen Grüssen

Briefkopf

Ort, Datum

Märki AG
z.Hd. Herrn Märki
Spitalgasse 3
9240 Uznach

Sehr geehrter Herr Märki

Nun hat sich Ihr Wunsch nach grösseren und moderneren Geschäftsräumlichkeiten doch noch verwirklicht! Dazu möchten wir Ihnen unseren herzlichsten Glückwunsch aussprechen.

Wir sind sicher, dass Sie an den neuen Räumlichkeiten sehr viel Freude haben.

Die Investitionen in die verschiedenen sehr modernen Maschinen haben sich ganz sicher gelohnt, und wir sind überzeugt, dass Sie dies eines Tages in einem gesteigerten Umsatz feststellen können.

Jedenfalls wünschen wir Ihnen als langjähriger Geschäftspartner, dass sich alle Ihre Pläne und Hoffnungen erfüllen werden.

Mit freundlichen Grüssen

Briefkopf

Ort, Datum

Waser AG
z.Hd. Herrn Keller
8853 Lachen

Sehr geehrter Herr Keller

Aus der heutigen "Zürcher Zeitung" haben wir entnommen, dass Sie Ihre Geschäftsräumlichkeiten von Siebnen nach Lachen verlegt haben.

Als langjähriger Lieferant freuen wir uns natürlich besonders, dass es Ihnen gelungen ist, in Lachen neue und vor allem grössere Geschäftsräumlichkeiten zu finden.

Wir hoffen, dass die Umzugsarbeiten ohne grosse Schwierigkeiten abgelaufen sind und Sie sich am neuen Geschäftssitz wohl fühlen.

Wir wünschen Ihnen für die Zukunft alles erdenklich Gute und würden uns natürlich freuen, wenn wir Sie weiterhin zu unseren treuen Kunden zählen dürften.

Unser Kundenbetreuer, Herr Marcel Koch, wird Sie in den nächsten Wochen einmal besuchen, um Ihnen unser neues Sortiment zu präsentieren.

Mit freundlichen Grüssen

Aliesch/Peng **Lerne Buchhaltung**

Lehrbuch für den Selbstunterricht. Die heute gebräuchlichsten Buchhaltungsarten werden eingehend behandelt und anhand von Beispielen erklärt, so dass es jedermann möglich ist, ohne Vorkenntnisse sich in dieses wichtige Gebiet einzuarbeiten. Durch die beigegebenen Aufgaben und Lösungen sowie vollständiger Geschäftsfälle aus der Praxis wird das Verständnis besonders erleichtert. Speziell geeignet für Gewerbetreibende, Sekretärinnen, Lehrlinge, Handelsschüler und alle Anfänger auf dem Gebiet der Buchhaltung.
Mit separatem Lösungsheft für die Selbstkontrolle.
Fr. 32,—

Rechtschreibung

Gross- und Kleinschreibung:

Man schreibt alle Hauptwörter (Substantive) gross. Ausserdem werden Tätigkeitswörter (Verben) und Eigenschaftswörter (Adjektive) gross geschrieben, sofern diese zu Hauptwörtern gemacht werden.
Beispiele: Die Putzfrau muss viel arbeiten.
          Die Arbeit der Putzfrau ist wichtig.
          Das Wichtigste ist das Putzen.

Ebenfalls können Zahlwörter in Hauptwörter umgewandelt werden.
Beispiele: Ich besitze mehrere Bücher. Die Mehrheit ist in deutsch geschrieben.

Das gleiche gilt bei Fürwörtern (Pronomen).
Beispiele: Vielleicht ist mein Brief dabei.
          Der Meinige ist sicher nicht dabei.

In Briefen wird die Anrede immer gross geschrieben.
Beispiele: Es freut mich, dass es Dir besser geht.
          Wahrscheinlich errinnerst Du Dich daran.

Eigenschaftswörter, welche zu einem Hauptwort gehören und zu einem festen Begriff werden, werden immer gross geschrieben.
Beispiele: Der Zweite Weltkrieg.
          Karl der Grosse gewann die Schlacht.

Nach Doppelpunkten, Frage- und Ausrufezeichen wird klein geschrieben, wenn der Satz nachher noch weitergeht. Dies gilt vor allem bei »Direktenreden«.
Beispiele: »Ich mag es nicht, ausgelacht zu werden! sagte der kleine Junge.
oder: Ich liefere Ihnen: drei Liter Milch und zwei Kilo Brot.

Es ist klar, dass die Frage über »Gross und Klein« oftmals zu einem schier unlösbaren Problem wird.

Kommaregeln

Kommaregel 1

Das Komma vor **und** bzw. **oder**:
Es wird nur dann ein Komma gesetzt, wenn der angeschlossene Teilsatz ein eigenes Hauptwort hat.
Beispiele: Er weiss das, und er handelt danach, oder er versucht es wenigstens.
aber: Er weiss das und handelt danach oder versucht es wenigstens.
Ausserdem: Jedes Ende eines Teilsatzes muss durch ein Komma bezeichnet sein.
Beispiel: Die Person in der Mitte ist mein Onkel, er lebt in Amerika.

Kommaregel 2

Das Komma bei einem eingeschobenen Teilsatz:
Beispiele: Die Regelung, welche wir heute haben, stammt weitgehend aus dem 20. Jahrhundert.
Eine Vereinfachung, obwohl von vielen Seiten gefordert, ist wohl noch fern.

Kommaregel 3

Man setzt ein Komma, wenn ein Nachtrag kommt.
Beispiel: Renata, die Schwester von Claudia, ist eine sehr eifrige Sportlerin geworden.

Man setzt ein Komma, wenn ein Gegensatz kommt:
Beispiel: Er hatte keinen grossen, aber einen ausgewählten Wortschatz.

Man setzt Kommas bei Aufzählungen.
Beispiel: Wir fanden eine alte, verstaubte, wertvolle Münze.

Kommaregel 4

Bei **um zu, anstatt zu, als zu** wird immer ein Komma gesetzt.
Beispiele: Sei mussten sich sputen, **um** noch rechtzeitig ins Engadin **zu** kommen.
Anstatt aus**zu**schlafen, waren sie schon um 6.00 Uhr aus den Federn gekrochen.

Kommaregel 5

Ein Mittelwort, das mit einem Teilsatz verbunden ist, kann als eigener Teilsatz gelten. (Mittelwort 1 = fahr**end** / Mittelwort 2 = **ge**fahren.)
Beispiele: Er lag da, im Gras aus**ge**streckt, die Zeitung les**end**.
Nun stand er auf, die Zeitung immer noch in der Hand halt**end**.

Auch einzelne Wortgruppen können als eigener Teilsatz dienen.
Beispiele: Guten Tag, was tun Sie da?
Nein, wir kennen Sie nicht.
Gewiss, das kenne ich.

Zwei Worte oder nur eines?

Dies kann zu einem weiteren Problem werden. Hier kann man jedoch ganz einfach verfahren:
Wird die erste Silbe betont, schreibt man das betreffende Wort zusammen.
Beispiele: Man wird den Angeklagten **freisprechen**.
Ich gab mir Mühe, einen Termin **freizuhalten**.

Wird jedoch das zweite Wort betont, dann schreibt man getrennt.
Beispiel: Es ist wichtig, dass man als Redner **frei sprechen** sollte.

Silbentrennung:

Einsilbige Wörter dürfen nicht getrennt werden. Dies gilt auch bei mehrsilbigen Wörtern, wenn die eine Silbe nur aus einem Buchstaben besteht.
Beispiele: abends; Osten; Schwein; kalt

Nie getrennt werden st = Ka-sten; Rü-sten. Dies gilt jedoch nicht, wenn es sich um zusammengesetzte Wörter handelt: Aus-träger; Bus-Ticket.

Die Buchstaben pf, tz und ck werden immer getrennt, wobei man beachten muss, dass auch ck bei der Trennung k-k wird.
Beispiele: stamp-fen; Mük-ke; Müt-ze

Ausserdem schreiben wir: Bettuch und Schiffahrt. Getrennt werden diese Wörter jedoch: Bett-tuch und Schiff-fahrt.

Lerne Buchhaltung

Lehrbuch für den Selbstunterricht.

Alle heute gebräuchlichsten Buchhaltungsarten werden eingehend behandelt und anhand von Beispielen erklärt, so dass es jedermann möglich ist, ohne Vorkenntnisse sich in dieses wichtige Gebiet einzuarbeiten.

Mit separtem Lösungsheft für die Selbstkontrolle.

Bestell-Nr. 1092 Fr. 35.00

Lerne Rechnen

Das grosse Lehrbuch für den Selbstunterricht.
Sicherer und gewandter Rechnen zu lernen ist jetzt ganz einfach!
Alle Rechungsarten, von der einfachen Addition bis zu den schwierigsten kaufmännischen und gewerblichen Berechnungen.

Mit Aufgaben und Lösungen.

Bestell-Nr. 1094 Fr. 29.80

Sag es mit Versen

Unzählige Glückwunschverse und andere Reime zu allen passenden und unpassenden Gelegenheiten und Verlegenheiten, Hochzeit, Poesiealbum, Konfirmation, Geburtstage, Gratulationen, zum freudigen Ereignis und, und, und.

Bestell-Nr. 1095 Fr. 22.80

Mir fyred Hochzyt

Anleitungen für die Organisation einer Hochzeit:

Aus dem Inhalt:
Reden und Ansprachen; Humoristische Vorträge; Tanz- und Unterhaltungsspiele; Überraschungen für das Hochzeitspaar; Glückwünsche für Erwachsene und Kinder; Hochzeitszeitung; Glückwunschtelegramme und, und, und.

Bestell-Nr. 1096 Fr. 19.80